FREMDSPRACHENTEXTE · ITALIENISCH

Discutere in italiano

Italienisch-deutsche Diskussionswendungen
mit Anwendungsbeispielen

Von Lorenz Manthey

Reclam

Nach einer Konzeption von Heinz-Otto Hohmann
(*Discussing in English*, UB 19715; *Discuter en français*, UB 19716)

Italienische Beratung:
Iris Juneia Iannace, Terracina (Latina)

RECLAMS UNIVERSAL-BIBLIOTHEK Nr. 19814
Alle Rechte vorbehalten
© 2012 Philipp Reclam jun. GmbH & Co. KG, Stuttgart
Gesamtherstellung: Reclam, Ditzingen. Printed in Germany 2014
RECLAM, UNIVERSAL-BIBLIOTHEK und RECLAMS
UNIVERSAL-BIBLIOTHEK sind eingetragene Marken
der Philipp Reclam jun. GmbH & Co. KG, Stuttgart
ISBN 978-3-15-019814-8

www.reclam.de

Inhalt

Vorwort 5
Zeichen und Abkürzungen 9

1. Per cominciare 12
   Anfang und Fortführung

2. Constatare dei fatti 18
   Konstatieren von Sachverhalten

3. Valutare dei fatti 30
   Einschätzen von Sachverhalten

4. Mettere in rilievo 50
   Aussageintensivierung

5. Ipotesi, causa e conseguenza 64
   Bedingung, Grund und logische Folge

6. Esprimere un'opinione o un giudizio
   personale 76
   Meinungsäußerung oder persönliche
   Stellungnahme

7. Esprimere una riserva 86
   Vorbehalt ausdrücken

8. Esprimere un contrasto o un dubbio ... 98
   Gegensatz und Zweifel ausdrücken

9. Per evitare le pause 106
   Sprechpausen überbrücken

10. Per concludere 114
    Abschluss und Zusammenfassung

Formulierungen zum organisatorischen Ablauf
  von Konferenzen und Sitzungen 123

Register der deutschen Übersetzungen 129

Vorwort

»Discutere in italiano« – die Bedeutung des Wortes »diskutieren« im Titel dieser Sammlung von sprachlichen Wendungen bezieht sich auf alle möglichen Formen des Meinungsaustausches: Gedacht ist dabei sowohl an mündliche Situationen wie die eigentliche Diskussion, das Statement, den Vortrag als auch an schriftliche Kontexte wie das Gutachten, den Kommentar, die Erörterung, den Internet-Blog.

In allen diesen Situationen gibt es eine große Zahl von fest geprägten Wendungen und Ausdrücken, um die verschiedenen Aussageabsichten einzuleiten. Die vorliegende Sammlung möchte allen, die in Schule, Studium oder Beruf intensiver mit der italienischen Sprache umgehen, eine Auswahl der wichtigsten und gebräuchlichsten sprachlichen Strukturen an die Hand geben, um die genannten Situationen meistern zu können. Wer auch nur einige dieser Wendungen beherrscht, wird sich in einer Diskussion flexibler und differenzierter einbringen können und damit auch überzeugender wirken.

Auswahl und Anordnung des Sprachmaterials

Die vorliegende Sammlung entstand nach dem Muster der Bände *Discussing in English* und *Discuter en français* von Heinz-Otto Hohmann. Dabei wurde die Grundkonzeption übernommen, d.h. alle Wendungen werden durch Beispiele in ihrem konkreten Gebrauch illustriert. Übernommen wurde auch, mit leichten Abwandlungen, die Einteilung in zehn Kapitel. Innerhalb der Kapitel wurde die alphabetische Anordnung des Sprachmaterials zugunsten einer inhaltlichen Gruppierung aufgegeben. Natürlich ist die Zuordnung einer Wendung zu einem Kapitel oder einer Bedeutungsgruppe nicht immer eindeutig und ist manchmal auch subjektiv geprägt. In einigen Fällen finden sich Ausdrücke auch in zwei verschiedenen Kapiteln, wenn sie unterschiedliche pragmatische Funktionen haben können.

Die Anwendungsbeispiele

Die Anwendungsbeispiele sollen zeigen, wie ein Ausdruck oder eine Wendung in einem konkreten Kontext verwendet wird. Es geht hier einerseits darum, die grammatikalische Einbindung in den Satz zu verdeutlichen, z. B. die Verwendung des *congiuntivo* nach einer ganzen Reihe von Ausdrücken. Andererseits geben die Beispiele auch typische Modelle bzw. stilistische Vorbilder für eine umfangreichere Äußerung.

Die Anwendungsbeispiele sind in aller Regel authentische Formulierungen von Muttersprachlern und wurden gedruckten Quellen und dem Internet entnommen. Alle Sätze wurden darüber hinaus noch einmal von einer Muttersprachlerin geprüft. Bei der Auswahl der Beispielsätze wurden typische Diskussionskontexte bevorzugt, die sich gut als Bausteine für eigene Diskussionsbeiträge verwenden lassen.

Zur Arbeit mit dem vorliegenden Buch

Für ein nachhaltiges Lernen ist es empfehlenswert, sich vor einer konkreten Diskussionssituation, z.B. einer Klausur, einem Vortrag, einer Konferenz, mit den Kapiteln zu beschäftigen, die die zu erwartenden Sprechabsichten abdecken. Es ist dabei nicht notwendig, immer ein vollständiges Kapitel im Ganzen zu lernen, da es jeweils sehr viele synonyme Ausdrücke oder Wendungen mit ähnlicher Funktion gibt. Man wähle daher am besten jeweils einen der gegebenen Ausdrücke zum Lernen aus und stelle sich eine kurze Liste der Wendungen zusammen, die man in dem jeweiligen Kontext verwenden möchte. Sinnvoll ist es auf jeden Fall, sich eigene, auf die konkrete Situation zugeschnittene Anwendungsbeispiele auszudenken. Natürlich ist es auch möglich, etwa im Internet nach weiteren Beispielen zu suchen. Zu einem späteren Zeitpunkt kann dann auf die gleiche Art und Weise der Wortschatz durch die synonymen und inhaltlich ähnlichen Ausdrücke erweitert werden.

Konferenzterminologie und Register

Der Diskussionswortschatz enthält im Anhang eine Zusammenstellung von »Formulierungen zum organisatorischen Ablauf von Konferenzen und Sitzungen«, die sich besonders für Teilnehmer(innen) an internationalen Konferenzen als hilfreich erweisen dürfte.

Der Zugang zu der italienischen Diskussionsphraseologie wird durch ein detailliertes Stichwortregister, das alle deutschen Entsprechungen der Diskussionswendungen erfasst, auch vom Deutschen her ermöglicht.

Zeichen und Abkürzungen

(...)	Runde Klammern enthalten zusätzliches Sprachmaterial, das an die Stelle des vorausgehenden treten kann.
[...]	Eckige Klammern enthalten Wörter und Wendungen, die auch weggelassen werden können.
/	Der Schrägstrich grenzt zusätzliche (alternative) Formulierungen voneinander ab.
cong.	congiuntivo
ind.	indicativo
jd.	jemand
jdm.	jemandem
jdn.	jemanden
jds.	jemandes
qc	qualcosa
qu	qualcuno
wörtl.	wörtlich

Discutere in italiano

1. Per cominciare

cominciare

innanzitutto / prima di tutto . . . .
(1) Cari amici, innanzitutto vorrei esprimervi tutta la mia gioia perché qui sono riuniti giovani da tutte le parti del mondo.
(2) Guardiamo prima di tutto i fatti.

dapprima . . . .
Dapprima vorrei ringraziarla per essere qui con noi.

prima di fare qc . . . .
Prima di iniziare il mio discorso, vorrei premettere una mia osservazione personale.

in primo luogo ... in secondo luogo . . . .
(1) In primo luogo mi preme ringraziare, con tanta emozione nel cuore, tutti voi che avete dato corpo e anima al progetto.
(2) In secondo luogo vorrei esporle il mio problema.

per cominciare . . . .
Per cominciare vorrei sottolineare due cose.

1. Anfang und Fortführung

anfangen

vor allem / zuallererst
(1) Liebe Freunde, zuallererst möchte ich meiner großen Freude darüber Ausdruck geben, dass hier Jugendliche aus allen Teilen der Welt zusammengekommen sind.
(2) Schauen wir uns zuallererst die Tatsachen an.

zuerst / zunächst / als erstes
Zuerst möchte ich Ihnen meinen Dank aussprechen, dass Sie hier bei uns sind.

bevor
Bevor ich mit meiner Rede beginne, möchte ich noch eine persönliche Bemerkung vorausschicken.

als erstes ... als zweites
(1) Als erstes ist es mir ein Anliegen, euch allen, die ihr mit eurem Engagement zur Realisierung des Projektes beigetragen habt, von ganzem Herzen zu danken.
(2) Als zweites möchte ich Ihnen mein Problem darlegen.

zuerst / zu Beginn
Zu Beginn möchte ich zwei Dinge herausstellen.

cominciare a fare qc / cominciare da qc (zero/qui) . .
(1) È sempre stato così, ma solo oggi si comincia a dubitarne.
(2) Cominciamo da zero.

fare una premessa . . . .
Prima di rispondere alle Sue domande, devo fare una premessa.

premettere qc (che ...) . . . .
Devo premettere una cosa importante.

introdurre l'argomento

entrare in argomento (materia) . . . .
Ma prima di entrare in argomento, concedetemi due riflessioni preliminari.

affrontare un problema (una questione) . . . .
Io credo che commenti di questo tipo rappresentino il modo sbagliato di affrontare un problema serio e concreto.

sollevare un problema . . . .
(1) Non basta solo sollevare il problema. Occorre anzitutto indicare con nome e cognome i responsabili.
(2) Questa decisione solleva molti problemi.

anfangen etwas zu tun / bei etwas (Null/hier) anfangen
(1) Es war schon immer so, aber erst heute fängt man an, es in Frage zu stellen.
(2) Fangen wir bei Null an.

eine Vorbemerkung machen
Bevor ich Ihre Fragen beantworte, muss ich eine Vorbemerkung machen.

etwas vorausschicken / vorausschicken, dass …
Eine wichtige Sache muss ich vorausschicken.

das Thema nennen

[direkt] zum Thema kommen / eine Diskussion beginnen
Aber bevor ich zum Thema komme, erlauben Sie mir zwei Vorbemerkungen.

ein Problem (eine Frage) ansprechen / auf ein Problem (eine Frage) eingehen (zu sprechen kommen) / ein Problem angehen / sich einem Problem stellen
Ich glaube, dass solche Kommentare der falsche Weg sind, ein ernstes und konkretes Problem anzugehen.

ein Problem aufwerfen / ein Problem mit sich bringen
(1) Es genügt nicht, bloß das Problem aufzuwerfen. Man muss vor allem die Verantwortlichen beim vollen Namen nennen.
(2) Diese Entscheidung bringt viele Probleme mit sich.

esporre un problema (una tesi / i motivi / le ragioni / il proprio punto di vista) . . . .
  (1) Desidero esporre un problema che un po' mi lascia perplesso.
  (2) Credo quindi giusto esporre le ragioni che mi fanno ritenere sbagliata quella scelta.

fare una panoramica (una sintesi) di qc / dare una visione d'insieme (generale) . . . .
  (1) Siccome è impossibile fornire una panoramica completa, mi limiterò a presentare qualche esempio.
  (2) Facciamo una sintesi di quanto fin qui detto.

tornando a qc . . . .
  Tornando alla questione iniziale, gentilmente Le chiedo di spiegarmi meglio questa idea.

a proposito di . . . .
  A proposito di letteratura, qual è il Suo autore preferito?

Passiamo [ora] ad un altro argomento. . . . .

ein Problem (eine These / die Gründe / den eigenen Standpunkt) darlegen
(1) Ich möchte ein Problem darlegen, das mich etwas ratlos dastehen lässt.
(2) Ich glaube daher, es ist richtig, die Gründe darzulegen, warum ich diese Entscheidung für falsch halte.

einen [kurzen] Überblick über etwas geben
(1) Da es unmöglich ist, einen vollständigen Überblick zu geben, werde ich mich darauf beschränken, einige Beispiele anzuführen.
(2) Schauen wir uns im Überblick an, was bislang gesagt wurde.

um noch einmal auf etwas zurückzukommen
Um noch einmal auf die Frage vom Anfang zurückzukommen, möchte ich Sie bitten, mir diese Idee besser zu erklären.

a propos
A propos Literatur, welches ist Ihr Lieblingsschriftsteller?

Kommen wir [nun/jetzt] zu einem anderen Thema.

2. Constatare dei fatti

esporre dei fatti

si parla di qc (qu) ....
Stasera si parla dei problemi collegati all'immigrazione clandestina.

si tratta di qc / si tratta di fare qc ....
Non si tratta di mettere totalmente in dubbio questa proposta, ma di metterne in luce i punti problematici.

rendersi conto di qc ....
Bisogna rendersi conto che la mafia continua ad essere un grave problema.

prendere coscienza di qc ....
Dobbiamo prendere coscienza delle grandi differenze che ci sono tra questi due fenomeni.

entrare nei dettagli ....
Ora è arrivato il momento di entrare nei dettagli.

tralasciare un particolare ....
Avete tralasciato un particolare: il «dove».

2. Konstatieren von Sachverhalten

Sachverhalte darlegen

es geht um etwas (jdn.) / die Rede ist von etwas (jdm.)
   Heute abend geht es um die Probleme, die mit der illegalen Einwanderung verbunden sind.

es geht um etwas / es geht darum, etwas zu tun
   Es geht nicht darum, diesen Vorschlag vollständig in Frage zu stellen, sondern die problematischen Punkte aufzuzeigen.

sich etwas klarmachen
   Man muss sich klarmachen, dass die Mafia weiterhin ein schwerwiegendes Problem darstellt.

sich einer Sache bewusst werden / sich etwas deutlich vor Augen führen
   Wir müssen uns die großen Unterschiede zwischen diesen beiden Dingen deutlich vor Augen führen.

ins Einzelne (Detail) gehen / in die Einzelheiten gehen / auf Einzelheiten eingehen
   Es ist jetzt an der Zeit, auf die Einzelheiten einzugehen.

etwas vernachlässigen / etwas beiseite lassen
   Ihr habt einen Aspekt vernachlässigt: die Frage nach dem Wo.

prendere in esame qc . . . .
Prendiamo in esame i fatti uno ad uno.

Le cose stanno così. . . . .
Non possiamo fare delle previsioni esatte sul futuro, ma per il momento le cose stanno così.

attenersi ai fatti . . . .
Per ora, però, bisogna attenersi ai fatti.

prendiamo ad esempio (a mo' d'esempio) ... .
Ci sono tanti autori che scrivono degli ottimi gialli. Prendiamo ad esempio Carlo Lucarelli.

e così via / eccetera . . . .
Degni di rispetto non sono solo gli esseri umani, ma anche gli animali, le piante, l'ambiente e così via.

commentare dati statistici

una persona su tre (quattro, cinque ecc.) . . . .
Una persona su tre spia il cellulare del partner.

spaziare da ... fino a ... .
La gamma dei prodotti spazia da prodotti di uso quotidiano ad articoli di lusso.

etwas prüfen
Prüfen wir die Fakten einzeln nacheinander.

Die Sache verhält sich so. / Die Dinge liegen so.
Wir können keine genauen Vorhersagen für die Zukunft treffen, aber momentan liegen die Dinge so.

sich an die Fakten (Tatsachen) halten
Für den Moment sollte man sich jedoch an die Fakten halten.

nehmen wir zum Beispiel (beispielsweise) [einmal] ...
Es gibt viele Autoren, die ausgezeichnete Krimis schreiben, beispielsweise Carlo Lucarelli.

und so weiter
Nicht nur die Menschen sind es wert, respektiert zu werden, sondern auch die Tiere, die Pflanzen, die Umwelt usw.

statistische Daten (Zahlen) kommentieren

jeder dritte (vierte, fünfte usw.) Mensch
Jeder Dritte spioniert das Handy seines Partners aus.

reichen von ... bis zu ...
Die Produkpalette reicht von alltäglichen Gebrauchsgegenständen bis zu Luxusartikeln.

passare da ... a ... .
Il tasso dei matrimoni è passato dal 4,9 per mille abitanti nel 2000 al 4,5 per mille del 2001.

aumentare del x % . . . .
Il tasso di disoccupazione è aumentato del 1,4 per cento.

essere in aumento (crescita) . . . .
Secondo le ultime stime lo stress da lavoro è in aumento.

c'è un aumento (incremento) di qc . . . .
C'è stato un aumento dei divorzi.

scendere (diminuire/calare) del x % . . . .
(1) Il tasso di occupazione è sceso di 1,4 punti percentuali.
(2) L'occupazione in Sicilia è diminuita del 2,6 per cento.

essere in calo . . . .
Rispetto all'anno passato i matrimoni sono in calo di 350 unioni.

registrare/avere . . . .
L'Italia registra percentuali più alte rispetto all'Olanda.

essere pari a qc . . . .
Il numero di persone che dispongono di un reddito familiare al di sotto della soglia di povertà è pari al 16 per cento della popolazione.

von ... zu ... gehen (sich verändern)
Die Zahl der Eheschließungen ist von 4,9 pro 1000 Einwohnern im Jahr 2000 auf 4,5 Promille im Jahr 2001 zurückgegangen.

steigen um x %
Die Arbeitslosenrate ist um 1,4 Prozent gestiegen.

ansteigen/zunehmen
Nach den letzten Schätzungen nimmt der Arbeitsstress immer mehr zu.

etwas steigt an / etwas nimmt zu
Die Zahl der Scheidungen hat zugenommen.

fallen (sinken) um x %
(1) Die Beschäftigungsrate ist um 1,4 Prozentpunkte gesunken.
(2) In Sizilien ist die Beschäftigung um 2,6 Prozent gesunken.

zurückgehen
Im Vergleich zum vergangenen Jahr ist die Zahl der Eheschließungen um 350 zurückgegangen.

verzeichnen/haben
Italien hat höhere Prozentwerte zu verzeichnen als die Niederlande.

sich auf etwas belaufen / betragen
Die Zahl der Personen, die über ein Familieneinkommen unter der Armutsgrenze verfügen, beläuft sich auf 16 Prozent der Gesamtbevölkerung.

essere al primo posto / essere in testa ....
L'Italia è al primo posto nella classifica per numero di separazioni.

rispetto a qc (qu) ....
I risultati sono migliorati rispetto allo scorso anno.

il tasso / la percentuale ....
Il tasso di divorzi è dello 0,7 ogni mille abitanti.

la media ....
La media europea dei divorzi è dell'1,9 per mille.

qc si compone di qc / qc è formato da qc / qc è suddiviso in ... .
(1) Il comitato si compone di 5–7 membri.
(2) L'alfabeto arabo è formato da 28 lettere che assumono forme diverse a seconda della loro posizione nella parola.
(3) Il percorso è suddiviso in due parti, con tappa ad Orvieto.

esercitare un grande influsso su qc (qu) ....
Questo fattore esercita un grande influsso sulle nostre scelte.

tendere a fare qc ....
Per il momento tendiamo a non esprimere ancora un giudizio definitivo in materia.

an erster Stelle stehen / den ersten Platz einnehmen
Italien nimmt den ersten Platz bei der Anzahl der Trennungen (Scheidungen) ein.

im Vergleich zu etwas (jdm.)
Die Ergebnisse haben sich im Vergleich zum Vorjahr verbessert.

die Rate
Die Scheidungsrate beläuft sich auf 0,7 pro 1000 Einwohnern.

der Durchschnitt
Die durchschnittliche Scheidungsrate in Europa liegt bei 1,9 Promille.

etwas besteht aus … / etwas ist in … aufgeteilt (unterteilt)
(1) Das Komitee besteht aus 5–7 Personen.
(2) Das arabische Alphabet besteht aus 28 Buchstaben, die je nach ihrer Stellung im Wort unterschiedliche Formen annehmen.
(3) Die Strecke ist in zwei Abschnitte aufgeteilt, mit einem Zwischenstopp in Orvieto.

einen großen Einfluss auf etwas (jdn.) ausüben
Dieser Faktor übt einen großen Einfluss auf unsere Entscheidungen aus.

dazu neigen, etwas zu tun / etwas lieber tun
Momentan geben wir dazu lieber noch kein endgültiges Urteil ab.

fare un riferimento

in campo politico (tecnico/artistico ecc.) / nel campo della politica (della tecnica / dell'arte ecc.) . . . . . .
Grazie ai numerosi progressi in campo tecnico, la produzione richiede meno manodopera.

in questo campo / in questa materia . . . .
Sono un dilettante in questo campo.

per quanto riguarda qc / per quanto a qc / per quanto concerne qc . . . .
(1) Per quanto riguarda questo tema ci vorrebbero ulteriori riflessioni.
(2) Certo, per quanto concerne le ragioni di questo fenomeno, si tratta di una questione complessa che è bene indagare con attenzione.

in questo riguardo / a riguardo . . . .
(1) In questo riguardo occorre però fare un'osservazione.
(2) Potrebbe informarci a riguardo?

riguardo a / quanto a . . . .
Riguardo a questa richiesta c'è da tenere conto che normalmente non è possibile fare di più.

Bezug nehmen

im politischen (technischen/künstlerischen usw.) Bereich / auf dem Gebiet der Politik (Technik/Kunst usw.)
Dank zahlreicher Fortschritte im technischen Bereich erfordert die Produktion weniger Arbeitskräfte.

in diesem Bereich / auf diesem Gebiet
Auf diesem Gebiet bin ich ein Dilettant.

was etwas betrifft (angeht/anbelangt)
(1) Was dieses Problem betrifft, so bedarf es weiteren Nachdenkens.
(2) Gewiss, was die Gründe dafür betrifft, handelt es sich um ein schwieriges Problem, das man sehr genau untersuchen sollte.

diesbezüglich/darüber/hierüber
(1) Diesbezüglich ist es jedoch notwendig, eine Anmerkung zu machen.
(2) Könnten Sie mich darüber informieren?

hinsichtlich (bezüglich) des (der) / was ... betrifft
Was diese Anfrage betrifft, muss berücksichtigt werden, dass im Normalfall nicht mehr getan werden kann.

paragonare

in confronto a qc / rispetto a qc ....
Tangentopoli non è stata niente in confronto a quanto sta succedendo adesso.

avere a che fare con qc (qu) ....
Tutta questa storia che cosa ha a che fare con noi?

non avere niente a che fare con qc ....
La mia attività non ha niente a che fare con il lavoro di mia moglie.

avere qc in comune ....
Le nostre aziende hanno molte cose in comune.

(r)assomigliare a qu (qc) ....
Questa melodia assomiglia molto a un'altra canzone.

essere strettamente legato ....
Il fenomeno della mafia è strettamente legato alla diffidenza dei cittadini verso lo Stato.

essere reciproco ....
Il rispetto è reciproco, se lo vuole, me lo deve prima dare!

vergleichen

im Vergleich (Verhältnis) zu etwas / verglichen mit etwas
   Die Korruption der neunziger Jahre war nichts im Vergleich zu dem, was jetzt passiert.

es mit etwas (jdm.) zu tun haben
   Was hat das alles mit uns zu tun?

nichts mit etwas zu tun haben
   Meine Tätigkeit hat nichts mit der Arbeit meiner Frau zu tun.

etwas gemeinsam haben
   Unsere beiden Firmen haben viele Gemeinsamkeiten.

jdm. (etwas) ähneln
   Diese Melodie ähnelt sehr einem anderen Lied.

eng miteinander verbunden (verknüpft) sein
   Das Phänomen der Mafia ist eng verbunden mit dem Misstrauen der Bürger gegenüber dem Staat.

auf Gegenseitigkeit beruhen
   Respekt beruht auf Gegenseitigkeit, wenn Sie von mir respektiert werden wollen, müssen Sie als erstes auch mich respektieren!

3. Valutare dei fatti

introdurre una valutazione

alla luce di quanto detto ....
Alla luce di quanto finora detto, cercherò di trarre delle conclusioni.

[visto/partendo] da quest'ottica (questa prospettiva / questo punto di vista) ....
Visto da quest'ottica hai sicuramente ragione.

visto in questo modo ....
Visto in questo modo, non c'è da stupirsi se la gente abbia votato contro.

dal (da un) punto di vista politico (morale/tecnico ecc.) / in materia di politica ....
Trovo scandaloso, dal punto di vista morale, che in alcuni paesi si pensi ancora a costruire nuove centrali nucleari.

dal punto di vista ....
Dal punto di vista giuridico non trovo obiezioni contro questo procedere.

considerare qc ....
Bisogna considerare anche i rischi.

tenere conto di qc ....
Bisogna tenere conto di diversi fattori.

3. Einschätzen von Sachverhalten

eine Wertung abgeben

im Licht (angesichts) des bisher Gesagten
Im Licht des bisher Gesagten versuche ich jetzt, einige Schlussfolgerungen zu ziehen.

aus diesem Blickwinkel betrachtet / unter diesem Aspekt
Aus diesem Blickwinkel betrachtet hast du gewiss recht.

so gesehen
So gesehen braucht man sich nicht zu wundern, dass die Leute dagegen gestimmt haben.

in (aus) politischer (moralischer/technischer usw.) Hinsicht (Sicht) / politisch (moralisch) gesehen
Ich finde es aus moralischer Sicht skandalös, dass in einigen Ländern immer noch der Bau neuer Kernkraftwerke in Betracht gezogen wird.

aus ... Sicht / vom ... Standpunkt aus [betrachtet]
Vom rechtlichen Standpunkt aus betrachtet, bestehen keine Bedenken gegen dieses Vorgehen.

etwas bedenken
Man muss auch die Risiken bedenken.

etwas berücksichtigen
Man muss verschiedene Faktoren berücksichtigen.

considerato qc / in considerazione di qc / in vista di qc
Considerate tutte le conseguenze che la costruzione della diga potrebbe avere sull'ecosistema, bisogna pensare ad una soluzione alternativa.

a questo proposito / in proposito . . . .
Mi serve la Sua/vostra opinione a questo proposito.

sotto questo aspetto . . . .
Sotto questo aspetto non è cambiato niente.

sotto certi aspetti . . . .
Sotto certi aspetti il nuovo sistema non rappresenta un miglioramento.

a prima vista / sulle prime / ad un primo esame . . . .
(1) A prima vista questa cosa sembra impossibile.
(2) Questo problema sulle prime appariva irrisolvibile, ma poi si è rivelato meno complicato.

riflettendo(ci) bene . . . .
Riflettendoci bene, la vostra proposta non mi sembra del tutto sbagliata.

esaminando qc da più vicino / se lo si esamina più esattamente . . . .
Esaminando da più vicino il problema ci si accorge che in realtà non è così grave.

angesichts (in Anbetracht) einer Sache / im Hinblick auf etwas
   In Anbetracht all der Folgen, die der Bau des Staudamms für das Ökosystem hätte, muss über eine alternative Lösung nachgedacht werden.

in dieser Hinsicht (Beziehung)
   Ich bräuchte Ihre/eure Meinung dazu.

in dieser Hinsicht (Beziehung)
   In dieser Hinsicht hat sich nichts geändert.

in gewisser Hinsicht
   In gewisser Hinsicht stellt das neue System keine Verbesserung dar.

auf den ersten Blick
   (1) Auf den ersten Blick scheint das unmöglich zu sein.
   (2) Auf den ersten Blick schien das Problem unlösbar zu sein, aber dann hat es sich als weniger kompliziert erwiesen.

wenn man [einmal] richtig darüber nachdenkt
   Wenn ich richtig darüber nachdenke, erscheint mir euer Vorschlag nicht grundlegend falsch.

wenn man [einmal] genauer (näher) hinsieht
   Wenn man einmal genauer hinsieht, dann stellt man fest, dass das Problem in Wirklichkeit gar nicht so ernst ist.

andare fino in fondo a qc . . . .
Voglio andare fino in fondo a questa vicenda.

dare un giudizio [definitivo] su qc (qu) . . . .
Per il momento non posso ancora dare un giudizio definitivo su questo progetto.

quello che posso constatare personalmente è che ...
Per quello che posso constatare personalmente la produzione di questo stabilimento è abbastanza efficiente.

si può dire (affermare) in generale che ... .
Non si può dire, in generale, quale marchio sia migliore o peggiore. Dipende sempre dalle proprie esigenze.

ciò vale a dire / significa [in fin dei conti] . . . .
In fin dei conti non tutti i mali vengono per nuocere, ciò vale a dire che possono avere anche qualche conseguenza positiva.

essere la stessa cosa . . . .
Malgrado delle piccole differenze nei particolari, per me queste due proposte sono la stessa cosa.

lo stesso vale anche per ... .
Solitamente, maggiori sono i pixel di uno schermo LCD, maggiore è la qualità dell'immagine, e lo stesso vale anche per una videocamera DV.

den Dingen (der Sache) auf den Grund gehen
Ich möchte dieser Sache auf den Grund gehen.

ein [endgültiges] Urteil über etwas (jdn.) abgeben
Momentan kann ich noch kein endgültiges Urteil über dieses Projekt abgeben.

was ich persönlich feststellen kann, ist [die Tatsache], dass ...
Soweit ich persönlich feststellen kann, ist die Produktion dieses Werks ziemlich effizient.

man kann ganz allgemein sagen, dass ...
Man kann nicht grundsätzlich sagen, welche Marke die bessere oder schlechtere ist. Das hängt immer von den eigenen Ansprüchen ab.

das bedeutet [praktisch / letztlich / letzten Endes], dass ... / das läuft praktisch darauf hinaus, dass ...
Letzten Endes hat jedes Unglück sein Gutes, das bedeutet, dass es auch ein paar positive Folgen mit sich bringen kann.

auf dasselbe (das Gleiche) hinauslaufen
Trotz kleiner Unterschiede in den Details laufen für mich diese zwei Vorschläge auf das Gleiche hinaus.

[ganz] genauso verhält es sich auch mit ... / das Gleiche gilt auch für ...
Normalerweise ist die Qualität eines Bildes umso höher, je höher die Pixelzahl eines LCD-Bildschirms ist, und das Gleiche gilt auch für eine DV-Videokamera.

come c'era da aspettarselo . . . .
La notizia è di qualche minuto fa e, come c'era da aspettarselo, già sta facendo il giro del mondo.

essere tipico di qu (per qc) . . . .
È tipico di una persona di un basso livello di educazione arrivare a delle conclusioni del genere.

valutare l'importanza

bisogna fare qc . . . .
Bisogna stabilire le priorità.

una questione di interesse generale . . . .
La politica ambientale è una questione di interesse generale.

sottovalutare/sopravalutare . . . .
Mai sottovalutare l'avversario.

prendere qc sul serio . . . .
Perché non prendere sul serio quello che pensano i giovani?

prendere qc alla leggera . . . .
Non prendere alla leggera le piccole buone azioni. Le gocce d'acqua, cadendo ad una ad una, riempiono col tempo un vaso enorme.

wie zu erwarten war...
Die Nachricht ist erst wenige Minuten alt, und, wie zu erwarten war, geht sie schon um die ganze Welt.

typisch für jdn. (etwas) sein
Es ist typisch für jemanden mit niedrigem Bildungsniveau, zu derartigen Schlussfolgerungen zu gelangen.

die Wichtigkeit einschätzen

etwas tun müssen
Man muss Prioritäten setzen.

eine Frage (Sache) von allgemeinem Interesse
Die Umweltpolitik ist eine Angelegenheit von allgemeinem Interesse.

etwas (jdn.) unterschätzen / etwas (jdn.) überschätzen (überbewerten)
Unterschätze niemals den Gegner.

etwas ernstnehmen
Warum soll man das, was die Jugendlichen denken, nicht ernstnehmen?

etwas auf die leichte Schulter nehmen / etwas gering achten
Achte die kleinen guten Taten nicht gering. Auch Wassertropfen, die einer nach dem anderen fallen, füllen mit der Zeit ein großes Gefäß.

nella migliore delle ipotesi ....
Nella migliore delle ipotesi, la Somalia è considerata un caso senza speranza, nella peggiore la culla del terrorismo.

nel caso peggiore ....
Nel caso peggiore l'elemento cercato è l'ultimo della lista.

lo scopo principale di qc dovrebbe essere quello di fare qc ....
Lo scopo principale di ogni sito dovrebbe essere quello di fornire informazioni a chi lo visita.

l'essenziale (la cosa principale) è che ... .
L'essenziale è di non perdere mai di vista la nostra meta.

Questo è l'essenziale. ....

essere importante / avere importanza ....
Non ha importanza dove si è nati.

giocare (svolgere) un ruolo importante in qc ....
La lettura gioca un ruolo importante nello sviluppo delle competenze linguistiche dei bambini.

ritenere opportuno [non] fare qc ....
Ritengo opportuno informarvi su alcune iniziative che abbiamo intrapreso negli ultimi tre mesi.

bestenfalls
Im besten Fall wird Somalia als ein hoffnungsloser Fall eingeschätzt, im schlimmsten Fall als Wiege des Terrorismus.

schlimmstenfalls
Schlimmstenfalls ist das gesuchte Element das letzte auf der Liste.

das Hauptziel einer Sache muss (sollte) darin bestehen, etwas zu tun
Das Hauptziel jeder Website sollte es sein, den Besuchern Informationen zur Verfügung zu stellen.

die Hauptsache ist, dass ...
Die Hauptsache ist, dass wir niemals unser Ziel aus dem Blick verlieren.

Das ist die Hauptsache.

wichtig sein
Es ist nicht wichtig, wo man geboren ist.

eine wichtige Rolle in (bei) etwas spielen
Das Lesen spielt eine wichtige Rolle bei der Entwicklung der sprachlichen Kompetenzen von Kindern.

es für ratsam (angebracht) halten, etwas [nicht] zu tun
Ich halte es für angebracht, Sie über einige Initiativen zu informieren, die wir in den letzten drei Monaten ergriffen haben.

esprimere certezza

è certo che ...
È certo che in una famiglia uno deve rispettare le piccole stranezze degli altri.

comunque è certo che ...
Al di là delle varie interpretazioni comunque è certo che il mito non ha smesso mai di stupirci e di sorprenderci.

è chiaro (ovvio/evidente) ...
(1) Un fatto è limpido e chiaro: non c'è futuro senza energia elettrica.
(2) È chiaro come la luce del sole.

si capisce
Il Decamerone di Boccaccio non piaceva alla Chiesa. E si capisce!

è fuori [di] dubbio che ... / non c'è [ombra di] dubbio che ...
È fuori dubbio che la madre abbia un ruolo essenziale nella maturazione del figlio.

è fuori discussione
La tua intelligenza non ha limiti: è fuori discussione.

Sicherheit ausdrücken

es steht fest, dass ... / sicher ist, dass ...
Es steht fest, dass man in einer Familie die kleinen Verschrobenheiten der anderen respektieren muss.

jedenfalls steht fest, dass ...
Ungeachtet der verschiedenen Interpretationen steht jedenfalls fest, dass der Mythos nie aufgehört hat, uns zu erstaunen und zu überraschen.

es ist klar ... / es liegt auf der Hand ...
(1) Eine Sache ist klar und deutlich: Es gibt keine Zukunft ohne elektrische Energie.
(2) Das liegt doch auf der Hand.

das versteht sich von selbst / es ist klar
Das Dekameron von Boccaccio gefiel der Kirche nicht. Und es ist klar, warum.

es steht außer Zweifel / es besteht kein Zweifel [daran], dass ... / es steht fest, dass ...
Es steht außer Zweifel, dass der Mutter eine wesentliche Rolle im Reifungsprozess des Sohnes zukommt.

es steht außer Diskussion (Frage)
Deine Intelligenz ist grenzenlos: Das steht außer Frage.

è verosimile che ... (+ cong.) . . . .
Ma è verosimile che tutto dipenda dal destino?

essere in parte vero (giusto/esatto) . . . .
Se questo è in parte vero, c'è da dire che si tratta di un'analisi un po' semplicistica e superficiale.

Non c'è nulla da ridire. / Non c'è niente da obiettare.

non avere niente da obiettare . . . .
Non abbiamo niente da obiettare contro questa iniziativa.

Hai (Ha) completamente ragione. . . . .

a ragione / giustamente . . . .
(1) A ragione potete pretendere l'adeguatezza della vostra proposta.
(2) Giustamente si può anche affermare il contrario.

sapere qc per esperienza [pratica] . . . .
So per esperienza pratica quanto sia duro avere dei piccoli bambini e studiare allo stesso tempo.

[non] essere l'unico (l'unica) a pensare che ... .
Non sono l'unico a pensare che si possa sopravvivere senza aria condizionata.

es ist wahrscheinlich, dass …
 Aber ist es denn wahrscheinlich, dass alles vom Schicksal abhängen soll?

teilweise (zum Teil) wahr (richtig) sein
 Wenn das zum Teil auch richtig ist, muss dennoch gesagt werden, dass es sich um eine allzu vereinfachende und oberflächliche Analyse handelt.

Dagegen ist nichts einzuwenden.

nichts gegen etwas einzuwenden haben
 Wir haben nichts gegen diese Initiative einzuwenden.

Du hast (Sie haben) vollkommen recht.

mit (zu) Recht
 (1) Mit Recht könnt ihr behaupten, dass euer Vorschlag angemessen ist.
 (2) Mit Recht kann man auch das Gegenteil behaupten.

etwas aus [praktischer] Erfahrung wissen
 Ich weiß aus praktischer Erfahrung, wie schwierig es ist, kleine Kinder zu haben und gleichzeitig zu studieren.

[nicht] der Einzige (die Einzige) sein, der (die) glaubt, dass …
 Ich bin nicht der Einzige, der meint, dass man ohne Klimatisierung überleben kann.

mettere in dubbio

[non] essere il caso ....
Non è il caso di farne un dramma.

[non] si pone un problema ....
Ora si pone soltanto il problema come trovare i fondi necessari per finanziare la realizzazione di questo bellissimo progetto.

È un caso limite. ....

a che serve fare qc ....
A che serve discutere ancora se ci restano solo pochi minuti?

Non serve a niente. / È inutile. ....

Non vale la pena parlarne. ....

mettere qc in dubbio ....
Non intendevo mettere in dubbio la tua parola.

non sembrare essere ....
La situazione non sembra essere migliorata.

non dare l'impressione di essere ....
Questo non dà l'impressione di essere molto.

bezweifeln

[nicht] der Fall sein / [nicht] angebracht sein
Es ist nicht angebracht, daraus ein Drama zu machen.

eine Frage erhebt sich (stellt sich) [nicht]
Jetzt stellt sich nur noch die Frage, wie die notwendigen Mittel aufgetrieben werden können, um die Verwirklichung dieses wunderschönen Projektes finanzieren zu können.

Das ist ein Grenzfall.

wozu nützt das (es) [schon], etwas zu tun
Was nützt es weiter zu diskutieren, wenn wir nur noch wenige Minuten zur Verfügung haben?

Es nützt nichts. / Es hat keinen Zweck.

Es lohnt sich nicht, darüber zu sprechen.

etwas in Frage stellen
Ich habe nicht beabsichtigt, dein Wort in Frage zu stellen.

nicht [gerade] den Eindruck machen, als ob etwas ... ist
Die Situation scheint sich nicht verbessert zu haben.

nicht den Eindruck erwecken / scheinen
Das scheint nicht viel zu sein.

lasciare [molto] a desiderare ....
Il piano lascia molto a desiderare.

Non è la via più facile, ma ... .
Non è la via più facile, ma alla lunga è quella che darà i migliori risultati.

L'apparenza inganna. ....

Non capisco più niente. ....

indicare le conseguenze

un buon (cattivo/brutto) segno ....
La riduzione del numero delle api è un brutto segno per l'ambiente.

si può [già] prevedere che ... .
Se così fosse si può già prevedere che buona parte dell'iniziativa politica del nuovo partito sarà rivolta a «curare il cortile interno».

la soluzione più facile ....
È semplice dirsi addio, anzi è la soluzione più facile quando si ha paura di soffrire.

[sehr] zu wünschen übrig lassen
Der Plan lässt sehr zu wünschen übrig.

Das ist [zwar] nicht der einfachste Weg, aber ...
Das ist zwar nicht der einfachste Weg, aber auf lange Sicht wird er zu den besten Ergebnissen führen.

Der Schein trügt.

Ich verstehe überhaupt nichts mehr.

auf Folgen verweisen

ein gutes (schlechtes) Zeichen
Der zahlenmäßige Rückgang der Bienen ist ein schlechtes Zeichen für die Umwelt.

es ist [schon jetzt] vorauszusehen (vorherzusehen), dass ...
Wenn dem so wäre, dann kann man schon voraussehen, dass ein Gutteil der politischen Initiative der neuen Partei darauf abzielen wird, »das eigene Haus zu bestellen« (sich um die eigenen Angelegenheiten zu kümmern).

die einfachste Lösung
Es ist einfach, auseinanderzugehen, ja, es ist sogar die einfachste Lösung, wenn man Angst davor hat zu leiden.

dare [il] via libera a qc . . . .
Adesso però, è il Comune che deve dare il via libera al progetto.

trarre un insegnamento da qc . . . .
Credo che si possa trarre qualche insegnamento dagli errori che abbiamo fatto.

grünes Licht für etwas geben
 Jetzt aber liegt es an der Stadt, grünes Licht für das Projekt zu geben.

eine Lehre aus etwas ziehen
 Ich glaube, dass man aus den Fehlern, die wir gemacht haben, etwas lernen kann.

4. Mettere in rilievo

mettere in rilievo

sottolineare / accentuare / mettere in rilievo . . . . . .
C'è un punto da sottolineare.

soprattutto/innanzitutto . . . .
(1) Parlare è un diritto, soprattutto di chi ha qualcosa da dire.
(2) Innanzitutto sono qui per confrontarmi e non per far cambiare idea alla gente.

espressamente/esplicitamente . . . .
(1) Ho detto espressamente che non ho niente contro questa proposta.
(2) Non l'ho detto esplicitamente, ma queste cose si capiscono.

proprio . . . .
Di solito apprezzo quello che scrive, ma questa volta mi sembra che Lei abbia proprio esagerato.

appunto . . . .
La storia, che è infinita, non è, appunto, finita.

ecco . . . .
Ecco, questo è tutto quello che mi gira nella testa.

4. Aussageintensivierung

hervorheben

etwas betonen / etwas hervorheben
Ein Punkt muss hervorgehoben werden.

besonders / vor allem
(1) Zu sprechen ist ein Recht, vor allem für diejenigen, die etwas zu sagen haben.
(2) Vor allem bin ich hier, um mich mit anderen auszutauschen, nicht um andere Leute von ihrer Meinung abzubringen.

ausdrücklich
(1) Ich habe ausdrücklich gesagt, dass ich nichts gegen diesen Vorschlag habe.
(2) Ich habe es nicht ausdrücklich gesagt, aber diese Dinge verstehen sich von selbst.

wirklich/gerade
Normalerweise weiß ich das, was Sie schreiben, zu schätzen, aber dieses Mal scheint es mir, dass Sie wirklich übertrieben haben.

gerade/eben
Die Geschichte, die unendlich ist, ist eben noch nicht zu Ende.

also
Also, das ist alles, was mir dazu einfällt.

anzi . . . .
La scuola non serve a niente, anzi ci sta rendendo sempre più stupidi.

niente affatto . . . .
Dico solo sciocchezze? – Niente affatto!

richiamare l'attenzione su un punto particolare

è interessante notare che ... .
Più che altro è interessante notare che le notizie che finiscono in seconda pagina vengano magicamente ignorati da tutti.

vorrei far notare [anche il fatto] che ... .
In chiusura, vorrei far notare anche il fatto che i 2 più grandi presidenti che il Genoa abbia avuto, siano uno calabrese e l'altro campano.

va notato ... .
Va notato, inanzitutto, che in Germania i giorni festivi sono più numerosi che in Italia.

**vorrei ribadire (far presente) ancora una volta
[con forza] che ...** . . . .
Vorrei ribadire, ancora una volta con forza, che personalmente non ho nulla contro questo progetto.

vielmehr / im Gegenteil
Die Schule hat keinen Nutzen, sie macht uns vielmehr immer dümmer.

weit gefehlt / keineswegs / ganz und gar nicht / überhaupt nicht
Sage ich nur Unsinn? – Nein, überhaupt nicht!

die Aufmerksamkeit auf einen einzelnen Punkt lenken

es ist interessant festzustellen, dass ...
Vor allem ist es interessant festzustellen, dass die Nachrichten, die auf der zweiten Seite landen, auf wundersame Weise von niemandem gelesen werden.

es ist auch zu bedenken (zu betonen / darauf hinzuweisen), dass ...
Zum Schluss möchte ich zu bedenken geben, dass von den zwei größten Vorsitzenden, die der Fußballclub Genoa jemals hatte, der eine aus Kalabrien und der andere aus Kampanien stammt.

man beachte, dass ...
Man beachte vor allem, dass es in Deutschland mehr Feiertage gibt als in Italien.

ich möchte noch einmal [mit Nachdruck] bekräftigen, dass ...
Ich möchte noch einmal mit Nachdruck bekräftigen, dass ich persönlich nichts gegen dieses Projekt habe.

arrivare al punto di dire (affermare/scrivere) qc . . . .
Vi capita spesso di arrivare al punto di dire basta?

richiamare l'attenzione di qu su qc . . . . . . , ...
Per cominciare vorrei richiamare l'attenzione sul problema della speculazione sui prodotti alimentari.

non bisogna perdere di vista (dimenticare) che ... . .
(1) Però penso che non bisogna perdere di vista ciò che i genitori ci hanno insegnato, cioè le classiche raccomandazioni.
(2) Non bisogna dimenticare che una poesia deve essere sempre il riflesso di una sensazione profonda.

ciò che mi colpisce (stupisce) soprattutto è il fatto che ... .
Ho letto con interesse il racconto e ciò che mi colpisce soprattutto è il fatto che l'autore quando l'ha scritto avesse solo tredici anni.

Il punto principale è questo. . . . .

so weit gehen zu sagen (behaupten/schreiben), dass ...
Passiert es euch häufig, dass ihr ein deutliches »Schluss jetzt!« sagen müsst?

jds. Aufmerksamkeit auf etwas lenken
Zu Beginn möchte ich die Aufmerksamkeit auf das Problem der Spekulation mit Lebensmitteln lenken.

man darf nicht übersehen (außer acht lassen/ vergessen), dass ...
(1) Ich denke jedoch, dass man nicht vergessen sollte, was uns unsere Eltern beigebracht haben, also die klassischen Regeln.
(2) Man sollte nicht vergessen, dass ein Gedicht immer die Spiegelung einer tiefen Empfindung sein sollte.

was mich besonders (vor allem) beeindruckt (verwundert), ist [die Tatsache], dass ...
Ich habe die Erzählung mit Interesse gelesen, und was mich vor allem verwundert, ist die Tatsache, dass der Verfasser, als er sie schrieb, erst dreizehn Jahre alt war.

Der wesentliche Punkt ist folgender.

attribuire (dare) grande importanza a qc / attribuire più importanza a qc che a qc . . . .
(1) Perché attribuire tanta importanza a questo particolare?
(2) Perché si dà sempre più importanza ad un'alimentazione sana?

avere un'importanza particolare . . . .
Il profumo ha un'importanza particolare perché esprime eleganza, seduce, dona vitalità e forza, dà identità e carattere.

c'è un altro punto [importante] / ancora un punto . .
C'è ancora un punto che ci sta troppo a cuore per tacerlo.

va ancora aggiunto che ... / si aggiunge il fatto che ...
(1) Va ancora aggiunto che le tendenze alimentari degli italiani si sono nel tempo indubbiamente modificate assumendo direzioni più salutari.
(2) Alla semplicità si aggiunge il fatto che, a differenza della carta di credito, la carta prepagata non necessita del conto corrente.

aggiungere [tanti] altri esempi . . . .
Per sottolineare l'urgenza delle misure da prendere, posso aggiungere altri esempi.

einer Sache große Bedeutung beimessen / einer Sache mehr Bedeutung beimessen als einer anderen
(1) Warum soll diesem Detail eine so große Bedeutung beigemessen werden?
(2) Warum wird einer gesunden Ernährung immer mehr Bedeutung beigemessen?

eine besondere Bedeutung gewinnen / von besonderer Bedeutung sein
Parfum hat eine besondere Bedeutung, denn es ist Ausdruck von Eleganz, es verführt, schenkt Lebenskraft und verleiht Identität und Charakter.

[hier] noch ein [wichtiger] Punkt
Es gibt noch einen Punkt, der uns zu sehr am Herzen liegt, als dass wir ihn verschweigen wollen.

hinzu kommt noch, dass ...
(1) Man muss noch hinzufügen, dass die Ernährungsgewohnheiten der Italiener sich mit der Zeit zweifellos in Richtung einer gesünderen Ernährung verändert haben.
(2) Zur Einfachheit im Gebrauch kommt noch hinzu, dass im Unterschied zur Kreditkarte die Elektronische Geldbörse kein Girokonto benötigt.

die Beispiele [noch] beliebig vermehren / noch viele [weitere] Beispiele bringen (anführen)
Um die Dringlichkeit der notwendigen Maßnahmen zu verdeutlichen, könnte ich noch weitere Beispiele anführen.

per citar[n]e solo un esempio, ...
Per citare solo un esempio, la crescente astensione dal voto è un pericolo per la democrazia.

rafforzare un argomento

una cosa è sicura . . . .
Una cosa è sicura, non ti dimenticherò mai.

non si può negare che ... / qc è innegabile . . . .
Non si può negare che sentirsi dire bravo fa piacere a chiunque.

è difficile immaginarsi . . . .
Non avendo mai visto il deserto è difficile immaginarsi il fascino straordinario che può esercitare.

[infatti] nulla è più semplice che fare qc . . . .
Nulla è più semplice che criticare.

essere l'unico (l'unica) a fare . . . .
Non sono l'unico a pensarla così.

precisare

intendere / volere dire [esattamente] con qc . . . . . .
(1) Che cosa intende dire esattamente con questa definizione?
(2) Che cosa vuoi (vuol) dire con questo?

um nur ein Beispiel anzuführen (zu nennen): ...
 Um nur ein Beispiel anzuführen: Die zunehmende Zahl der Nichtwähler stellt eine Gefahr für die Demokratie dar.

ein Argument verstärken

eins steht fest: ...
 Eins steht fest: Ich werde dich nie vergessen.

es lässt sich nicht leugnen, dass ...
 Es lässt sich nicht leugnen, dass jeder es mag, wenn er gelobt wird.

sich kaum (nur schwer) vorstellen können
 Wenn man noch nie die Wüste gesehen hat, ist es schwierig, sich den außergewöhnlichen Zauber, den sie ausüben kann, vorzustellen.

nichts ist [in der Tat] einfacher, als etwas zu tun
 Nichts ist einfacher, als zu kritisieren.

der (die) einzige sein, der (die) etwas tut
 Ich bin nicht der einzige, der so denkt.

präzisieren

[eigentlich] mit etwas sagen wollen
 (1) Was wollen Sie eigentlich genau mit dieser Definition sagen?
 (2) Was willst du (wollen Sie) damit sagen?

vuol dire [che ...]
Che cosa vuol dire che dobbiamo ancora una volta discutere la proposta?

cioè
In Calabria è attiva una particolare associazione di stampo mafioso, cioè la ‹Ndrangheta›.

chiarire qc / mettere in chiaro qc
Dobbiamo mettere in chiaro una cosa.

dire qc chiaro e tondo
Te lo devo dire chiaro e tondo?

va detto senza mezzi termini che ...
Va detto senza mezzi termini che la frode fiscale è un crimine.

francamente parlando
Io sono italiana, ma francamente parlando non provo molta simpatia per i nostri politici.

voglio dirti (Le voglio dire) una cosa
Voglio dirti una cosa: non si può andare avanti così.

si tratta di qc / si tratta di fare qc
Quando si tratta di giocare a calcio, non posso resistere.

das heißt, [dass ...]
Was heißt das, dass wir den Vorschlag noch einmal diskutieren müssen?

das heißt / nämlich
In Kalabrien ist eine eigene mafiöse Vereinigung tätig, nämlich die ›Ndrangheta‹.

etwas klarstellen
Eine Sache müssen wir klarstellen.

etwas klipp und klar (geradeheraus / ohne Umschweife) sagen / kein Blatt vor den Mund nehmen
Soll ich es dir ohne Umschweife sagen?

es [einmal] ganz klar [und deutlich] sagen müssen, dass ...
Es muss mit aller Deutlichkeit gesagt werden, dass Steuerbetrug ein Verbrechen ist.

um es [ganz] offen zu sagen
Ich bin Italienerin, aber um es ganz offen zu sagen, habe ich keine große Sympathie für unsere Politiker.

ich will dir (Ihnen) mal was (einmal etwas) sagen
Eines will ich dir sagen: So können wir nicht weitermachen.

es handelt sich um (es geht um) etwas (jdn.) / es geht darum, etwas zu tun
Wenn es darum geht, Fußball zu spielen, kann ich nicht widerstehen.

bisogna (vorrei / tengo a) precisare che ... .
(1) Innanzitutto, bisogna precisare che l'omertà aiuta la mafia.
(2) Ero povero, ma tengo a precisare che nella mia vita non ho mai rubato.

in altre parole . . . .
Questa proposta presenta troppe imprecisioni, in altre parole: non è realizzabile.

in parole semplici . . . .
In parole semplici, cosa dice la teoria della relatività?

man muss (ich möchte) klarstellen, dass ...
(1) Vor allem muss klargestellt werden, dass das Gesetz des Schweigens der Mafia hilft.
(2) Ich war arm, aber ich möchte klarstellen, dass ich in meinem ganzen Leben nie gestohlen habe.

im Klartext bedeutet (heißt) das / mit anderen Worten
Dieser Vorschlag enthält zu viele Ungenauigkeiten, mit anderen Worten: Er lässt sich nicht realisieren.

einfach ausgedrückt
In einfachen Worten ausgedrückt, was besagt die Relativitätstheorie?

5. Ipotesi, causa e conseguenza

fare delle ipotesi

se ....
Se vogliamo realizzare insieme questo progetto, dobbiamo prima stabilire le responsabilità di tutt'e due le parti.

qualora / nel caso che / caso mai (+ cong.) ....
Caso mai volessi più informazioni credo di avere ancora, da qualche parte, piantine, nomi ed indirizzi.

a condizione che / a patto che (+ cong.) ....
Possiamo accettare la proposta a condizione che vengano presi in considerazione i seguenti punti.

a queste condizioni ....
A queste condizioni non ci sto, mi dispiace.

supposto che / ammesso che (+ cong.) ....
Allora, supposto che non ci sia nessun'altra possibilità, posso dare il mio consenso.

purché (+ cong.) ....
Si accettano dei contributi di ogni tipo, purché non siano banali.

5. Bedingung, Grund und logische Folge

Hypothesen aufstellen

wenn
  Wenn wir das Projekt gemeinsam realisieren wollen, müssen wir zuerst die Verantwortlichkeiten beider Seiten festlegen.

falls
  Falls du noch weitere Informationen benötigst, habe ich, glaube ich, noch irgendwo Stadtpläne, Namen und Adressen.

unter der Bedingung, dass … / vorausgesetzt, dass … / sofern
  Wir können dem Vorschlag zustimmen, unter der Bedingung, dass die folgenden Punkte bedacht werden.

unter diesen Umständen (Bedingungen)
  Unter diesen Umständen mache ich nicht mit, tut mir leid.

angenommen, dass … / vorausgesetzt, dass …
  Nun, angenommen dass es keine andere Möglichkeit gibt, kann ich meine Zustimmung geben.

vorausgesetzt, dass … / wenn nur / sofern
  Es werden Beiträge jeder Art angenommen, sofern sie nicht zu banal sind.

benché / sebbene / malgrado che / seppure (+ cong.)
Benché si possano elencare tanti altri esempi, ora vorrei concludere.

anche se
Anche se non sono completamente d'accordo con la Sua analisi, penso che con un po' di buona volontà troveremo una soluzione.

a meno che ... non (+ cong.)
Non faccio nulla, a meno che non mi spieghi come devo fare.

confermare una ipotesi
È evidente che allo stato attuale delle cose non ci sono sufficienti prove per confermare una ipotesi del genere.

indicare i motivi

perché
Dobbiamo arrivare a un compromesso, perché non c'è altra possibilità.

poiché
Poiché si è fatto tardi rimandiamo la discussione delle questioni rimaste aperte a domani.

siccome
Siccome non sono credente, quello che dice la Chiesa non mi riguarda.

obwohl / selbst wenn / auch wenn
  Obwohl man noch viele andere Beispiele aufzählen könnte, möchte ich jetzt schließen.

auch wenn
  Auch wenn ich nicht vollständig mit Ihrer Analyse einverstanden bin, denke ich, werden wir wohl mit ein bisschen gutem Willen eine Lösung finden.

außer wenn / es sei denn, dass ...
  Ich mache nichts, es sei denn, du sagst mir, wie ich es machen soll.

eine Hypothese (Annahme/Vermutung) bestätigen
  Es ist offensichtlich, dass beim derzeitigen Stand der Dinge noch keine ausreichenden Beweise vorliegen, um eine derartige Hypothese zu bestätigen.

Gründe anführen

weil
  Wir müssen einen Kompromiss finden, es gibt keine andere Möglichkeit.

da/weil
  Da es spät geworden ist, verschieben wir die Diskussion der offen gebliebenen Fragen auf morgen.

da
  Da ich nicht gläubig bin, betrifft mich das, was die Kirche sagt, nicht.

visto che / dato che . . . .
   (1) Visto che in questa sede abbiamo deciso di parlare della raccolta differenziata, parliamo di questo.
   (2) Dato che tutti i sondaggi dicono che la stragrande maggioranza dei cittadini ha cambiato idea, il governo rimette in discussione la decisione di abbandonare il nucleare.

derivare da qc . . . .
   Da questo pensiero deriva quello di cui vorrei parlare ora.

essere dovuto a qc (al fatto che) . . . .
   Secondo me questo problema è dovuto a tanti fattori messi insieme.

addurre una ragione (un motivo) a qc (a fare qc) . . .
   Se ci è consentito addurre una ragione diversa da quella sentita prima, è che in realtà le persone non praticano la raccolta differenziata.

la causa principale . . . .
   La causa principale dello sviluppo eccessivo delle alghe è sicuramente l'inquinamento.

il vero motivo di qc . . . .
   Ecco il vero motivo che sta alla base di questa decisione.

da [ja]
(1) Da wir ja beschlossen haben, hier über die Mülltrennung zu sprechen, sprechen wir also darüber.
(2) Da alle Umfragen bestätigen, dass die große Mehrheit der Bürger ihre Meinung geändert hat, bringt die Regierung die Entscheidung, auf die Kernenergie zu verzichten, erneut in Diskussion.

auf etwas zurückzuführen sein / aus etwas entspringen
Aus diesem Gedanken entspringt das, worüber ich nun sprechen möchte.

von etwas verursacht sein / auf etwas beruhen
Meiner Meinung nach ist dieses Problem von vielen verschiedenen Faktoren zusammen verursacht.

einen Grund für etwas anführen
Wenn es uns erlaubt ist, einen anderen Grund als den eben gehörten anzuführen, dann ist es der, dass in Wirklichkeit niemand die Mülltrennung praktiziert.

der Hauptgrund
Der Hauptgrund für das Überhandnehmen der Algen ist sicherlich die Verschmutzung.

der tiefere (eigentliche) Grund für etwas
Das ist der eigentliche Grund für diese Entscheidung.

indicare le conseguenze

perché/affinché (+ cong.) . . . .
Vorrei ancora una volta spiegarLe le mie idee, perché possiate capire meglio.

di conseguenza / conseguentemente . . . .
Dal momento in cui questa decisione fu presa, sono passati troppi anni, di conseguenza non possiamo più tornare indietro.

avere come obiettivo . . . .
Questa iniziativa ha come obiettivo una notevole diminuzione delle emissioni di CO_2.

e quindi . . . .
Non è più possibile continuare così, e quindi abbiamo deciso di mettere subito in vigore un nuovo regolamento.

dunque . . . .
Non ci restano che pochi giorni, dunque dobbiamo chiarire gli ultimi dettagli.

ecco perché . . . .
Siamo un'azienda piuttosto piccola. Ecco perché siamo più flessibili.

perciò . . . .
Si è detto, negli ultimi tempi, di tutto sul nucleare ed è bene, perciò, fare chiarezza su alcune affermazioni.

Folgen benennen

damit
Ich möchte noch einmal meine Ideen darlegen, damit Sie die Sache besser verstehen können.

folglich/infolgedessen/daher
Seitdem diese Entscheidung getroffen wurde, sind zu viele Jahre verstrichen, infolgedessen können wir auch nicht mehr zurück.

zum Ziel haben / beabsichtigen
Diese Initiative hat eine beträchtliche Verringerung des CO_2-Ausstoßes zum Ziel.

und daher / folglich
So kann es nicht mehr weitergehen, und daher haben wir beschlossen, sofort eine neue Regelung umzusetzen.

also
Uns bleiben nur noch wenige Tage, wir müssen also die letzten Details klären.

das ist der Grund, weshalb
Wir sind eine ziemlich kleine Firma. Das ist der Grund, weshalb wir flexibler sind.

deswegen/daher
In der letzten Zeit wurde alles Mögliche über die Kernenergie gesagt, und es ist daher gut, einige Behauptungen klarzustellen.

per questo motivo / per questa ragione . . . .
Abbiamo già detto di no all'aumento delle tasse, e per questo motivo ora non possiamo introdurre una nuova tassa.

così che . . . .
Ho messo per iscritto le mie esperienze, così che in futuro tutti possano approfittarne.

di (in) modo che . . . .
Spero di aver spiegato questo ultimo punto in modo che lo possiate comprendere.

da ciò (da tutto ciò) si può desumere che ... .
Da ciò si può desumere che le donne e gli uomini hanno un modo di concepire la relazione tra sé e gli altri radicalmente differente.

da ciò risulta che ... .
Da ciò risulta che la nostra analisi, in fin dei conti, non è completamente sbagliata.

portare a qc . . . .
Tutto questo ha portato a delle soluzioni sbrigative e improvvisate.

avere un effetto positivo (negativo) su qc (qu) . . . .
Il weekend ha certamente un effetto positivo sulla salute degli operai.

aus diesem Grund
  Wir haben schon zur Erhöhung der Steuern nein gesagt, und aus diesem Grund können wir jetzt nicht eine neue Steuer einführen.

so dass
  Ich habe meine Erfahrungen aufgeschrieben, so dass in Zukunft alle davon profitieren können.

so, dass ... / derart, dass ...
  Ich hoffe, dass ich diesen letzten Punkt so erklärt habe, dass ihr es verstehen könnt.

daraus (aus all dem) lässt sich schließen, dass ...
  Daraus lässt sich schließen, dass Männer und Frauen eine grundverschiedene Auffassung von ihrer Beziehung zu anderen haben.

daraus folgt, dass ...
  Daraus folgt, dass unsere Analyse letzten Endes nicht ganz falsch ist.

zu etwas führen / etwas bringen
  All das hat zu voreiligen und improvisierten Lösungen geführt.

eine positive (negative) Wirkung auf etwas (jdn.) haben (ausüben) / sich auswirken
  Das Wochenende hat sicherlich eine positive Wirkung auf die Gesundheit der Arbeiter.

risultare (mostrarsi) vero ....
Secondo voi risulta vero il detto «donna al volante pericolo costante»?

rendere più complicato qc ....
Siamo troppo numerosi e questo rende più complicato muoversi e organizzarsi.

non c'è altra soluzione che ... .
Non c'è altra soluzione che creare uno Stato per i palestinesi e uno per gli israeliani.

non ci rimane che ... .
Non ci rimane che andare via.

sich als wahr erweisen (herausstellen) / zutreffen
 Trifft eurer Meinung nach der Spruch »Frau am Steuer, das wird teuer« zu?

die Dinge [unnötig] komplizieren (kompliziert machen)
 Wir sind zu viele, und das macht es schwieriger, sich fortzubewegen und sich zu organisieren.

es gibt keine andere Lösung, als ...
 Es gibt keine andere Lösung, als einen Staat für die Palästinenser und einen für die Israelis zu schaffen.

es bleibt uns nichts anderes übrig, als ...
 Es bleibt uns nichts anderes übrig, als zu gehen.

6. Esprimere un'opinione o un giudizio personale

esprimere il punto di vista

è [tutta] una questione di punti di vista . . . .
È tutta una questione di punti di vista. Non fa senso continuare a discutere.

un'opinione (idea) preconcetta di (su) qc . . . .
Non esistono per Popper osservatori che non abbiano idee preconcette, consapevoli o no, noi operiamo sempre all'ombra di teorie.

farsi un'opinione su qc . . . .
Da parte mia posso dire solo di non essermi ancora fatta un'opinione su questo caso.

esprimere (dire) la propria opinione (il proprio parere) su qc . . . .
Bene, è giunto il momento di dire la mia opinione su questo sito.

cambiare idea ([di] opinione) . . . .
Ho cambiato idea: possiamo partire anche domani.

6. Meinungsäußerung oder persönliche Stellungnahme

den Standpunkt darlegen

das ist [reine] Ansichtssache
 Das ist reine Ansichtssache. Es ist sinnlos, noch weiter darüber zu diskutieren.

eine vorgefasste Meinung (Vorurteil) über etwas
 Für Popper gibt es keinen Beobachter ohne Vorurteile, ob bewusst oder unbewusst, wir handeln immer im Schatten von Theorien.

sich eine [eigene] Meinung über etwas bilden
 Was mich betrifft, kann ich nur sagen, dass ich mir über diesen Fall noch keine eigene Meinung gebildet habe.

die eigene Meinung über (zu) etwas ausdrücken (sagen/äußern)
 Gut, es ist jetzt an der Zeit, meine Meinung zu dieser Website zu sagen.

seine Meinung ändern
 Ich habe meine Meinung geändert: Wir können auch morgen abfahren.

dare un giudizio

essere per (a favore di) qc ....
Chi è ancora a favore del nucleare dopo la catastrofe in Giappone?

essere contrario (contraria) a qc / essere contro qc ..
(1) Ma perché è contrario alla nostra proposta?
(2) Io sono pacifista. Cioè sono contro la guerra.

**pronunciarsi (esprimersi/dichiararsi) a favore di
(contro) qc (qn)** ....
Lady Gaga si è pronunciata a favore dell'utilizzo del preservativo. Dice che fare sesso senza preservativo è come giocare alla roulette russa.

esprimere i[l] pro e i[l] contro ....
Nel suo articolo, il giornalista ha chiaramente espresso i pro e i contro dell'iniziativa.

esprimere la propria opinione

a mio (Suo) avviso (giudizio/parere) ....
(1) Tutto questo, a mio avviso, è positivo.
(2) A mio parere questa decisione sarebbe un errore.

dal mio punto di vista ....
Dal mio punto di vista le cose non stanno come dici tu.

ein Urteil fällen

für etwas sein
Wer ist nach der Katastrophe in Japan noch für die Kernenergie?

gegen etwas sein
(1) Aber warum sind Sie gegen unseren Vorschlag?
(2) Ich bin Pazifist. Das heißt, ich bin gegen den Krieg.

sich für (gegen) etwas (jdn.) aussprechen
Lady Gaga hat sich für die Benutzung des Präservativs ausgesprochen. Geschlechtsverkehr ohne Präservativ ist ihrer Meinung nach wie russisches Roulette.

das Für und Wider darstellen (ausdrücken)
Der Journalist hat in seinem Artikel die Argumente für und gegen die Initiative klar dargestellt.

die eigene Meinung äußern

meiner (Ihrer) Meinung (Ansicht) nach
(1) All das ist meiner Meinung nach positiv.
(2) Meiner Meinung nach wäre diese Entscheidung ein Fehler.

von meinem Standpunkt aus
Von meinem Standpunkt aus betrachtet, liegen die Dinge nicht so, wie du behauptest.

per me
   (1) La pace per me vuol dire vivere serenamente.
   (2) Per me, state sbagliando.

per quanto mi riguarda
   Per quanto mi riguarda la penso esattamente come te.

secondo me
   Secondo me avete ragione tutt'e due.

credere che (+ cong.)
   Non credo che questa soluzione sia la più ragionevole.

mi pare che (+ cong.)
   Mi pare che sia arrivato il momento di tirare le somme.

sono del parere (dell'avviso / dell'opinione) che (+ cong.)
   Sono del parere che guardare troppo la televisione rovini i bambini.

pensare che (+ cong.)
   Io personalmente penso che questa teoria sia un'ipotesi interessante.

ritenere che (+ cong.)
   Ritengo che in questo caso non ci sia compromesso.

für mich / finden, dass ...
(1) Frieden bedeutet für mich, ruhig und unbeschwert leben zu können.
(2) Ich finde, ihr habt unrecht.

was mich betrifft, so
Was mich betrifft, so denke ich darüber ganz genauso wie du.

meiner Meinung nach
Meiner Meinung nach habt ihr beide recht.

glauben, dass ...
Ich glaube nicht, dass diese Lösung die vernünftigste ist.

es scheint mir, dass ...
Es scheint mir an der Zeit, Bilanz zu ziehen.

ich bin der Meinung (Auffassung/Ansicht), dass ...
Ich bin der Auffassung, dass zu viel Fernsehen unseren Kindern schadet.

denken, dass ...
Ich persönlich meine, dass diese Theorie eine interessante Hypothese ist.

glauben, dass ... / der Ansicht sein, dass ...
Ich glaube, dass in diesem Fall kein Kompromiss möglich ist.

trovare che (+ cong.) . . . .
Trovo che in questa discussione si finisca per mescolare fatti concreti con libere opinioni.

**trovare qc interessante (eccellente/necessario/
probabile)** . . . .
Trovo interessante questa sua iniziativa.

confrontarsi con altre opinioni

pensarne . . . .
Che cosa ne pensi (pensa)?

chiedere il parere di qu . . . .
Qual è il tuo (Suo) parere in proposito?

[non] essere d'accordo con qc (qu) . . . .
Non sono d'accordo con quello che dice.

essere della stessa opinione (dello stesso parere) . . .
Sono della stessa opinione. È proprio quello che penso!

condividere un'opinione . . . .
Condivido [pienamente] la tua (Sua) opinione.

dire lo stesso . . . .
Stavo per dire esattamente lo stesso.

finden, dass ...
Ich finde, dass in dieser Diskussion immer mehr konkrete Tatsachen mit freien Meinungen vermischt werden.

etwas interessant (ausgezeichnet/notwendig/ wahrscheinlich) finden
Ich finde Ihre Initiative interessant.

sich mit anderen Meinungen auseinandersetzen

darüber denken
Was denkst du (denken Sie) darüber?

nach jds. Meinung fragen
Was ist deine (Ihre) Meinung dazu?

mit etwas (jdm.) [nicht] einverstanden sein
Ich bin nicht einverstanden mit dem, was Sie sagen.

der gleichen Meinung (Ansicht) sein
Ganz meine Meinung! Das ist genau das, was ich auch denke.

eine Meinung teilen
Ich bin [ganz] deiner (Ihrer) Meinung.

das Gleiche (dasselbe) sagen
Ich wollte [gerade] genau das Gleiche (dasselbe) sagen.

non avere niente (nulla) da obiettare su qc . . . . . .
Su questo non abbiamo nulla da obiettare.

dare ragione a qu . . . .
Su questo ti do ragione.

trovare che qu ha [perfettamente] ragione . . . . . .
Trovo che voi avete perfettamente ragione a dire che dobbiamo cercare una soluzione pragmatica.

hai (ha) [completamente] ragione (torto) . . . .
(1) Il ministro ha completamente ragione quando dice che bisogna sostenere gli avversari del regime.
(2) Qualunque sia la verità, hai comunque torto.

pensarla diversamente . . . .
Mi dispiace, ma io la penso diversamente.

ritenere il contrario . . . .
Io personalmente ritengo il contrario.

nichts gegen etwas einzuwenden haben
Dagegen ist nichts einzuwenden.

jdm. rechtgeben
Darin gebe ich dir recht.

finden, dass jd. [völlig] recht hat
Ich finde, dass ihr völlig recht habt, wenn ihr sagt, dass wir eine pragmatische Lösung finden müssen.

du hast (Sie haben) [vollkommen] recht (unrecht)
(1) Der Minister hat vollkommen recht, wenn er sagt, man müsse die Gegner des Regimes unterstützen.
(2) Was auch immer die Wahrheit ist, du hast jedenfalls unrecht.

anders über etwas denken
Es tut mir leid, aber ich denke anders darüber.

das Gegenteil behaupten
Ich persönlich behaupte das Gegenteil.

7. Esprimere una riserva

riserva

in certo qual modo ....
Il legame con l'Italia è stato tanto forte per Mozart che potrebbe essere considerato in certo qual modo un compositore italiano.

in un certo senso ....
In un certo senso noi siamo ciò che mangiamo.

per così dire ....
Quella di cui soffre, è un'anomalia, per così dire, trascurabile.

caso mai ....
Non aspetto una risposta subito, caso mai mi scrivi un breve messaggio la prossima settimana.

a parte questo ....
A parte questo, infatti, ci sono ancora altri argomenti che avallano la mia tesi.

a prescindere da qc / eccetto ....
(1) A prescindere da quello che ha detto alla fine, concordo completamente con la Sua opinione.
(2) Siamo favorevoli a qualsiasi soluzione, eccetto l'uso della violenza.

7. Vorbehalt ausdrücken

Einschränkung

irgendwie/gewissermaßen
Die Verbindung zu Italien war für Mozart so stark, dass er gewissermaßen für einen italienischen Komponisten gehalten werden könnte.

in gewissem Sinne / in gewisser Weise (Hinsicht)
In gewisser Hinsicht sind wir das, was wir essen.

sozusagen
Worunter Sie leiden, ist eine Anomalie, die sozusagen vernachlässigbar ist.

höchstens / wenn überhaupt
Ich erwarte nicht sofort eine Antwort, wenn überhaupt, würde es reichen, wenn du mir nächste Woche eine kurze Nachricht schreibst.

davon abgesehen
Davon abgesehen, gibt es tatsächlich noch weitere Argumente, die meine These stützen.

abgesehen von etwas / außer / bis auf
(1) Abgesehen von dem, was Sie zum Schluss gesagt haben, bin ich ganz Ihrer Meinung.
(2) Wir sind mit jeder Lösung einverstanden, außer dem Gebrauch von Gewalt.

per quanto ne so [io] / che io sappia ....
Per quanto ne so io, le macchine con il motore a idrogeno non vengono ancora prodotte in grande scala.

per quanto si sappia (ricordi) ....
Molto semplicemente – per quanto si sappia – un atomo è la più piccola unità esistente di un elemento.

se ben mi ricordo / se mi ricordo bene ....
Se ben mi ricordo, poco fa ha sostenuto proprio il contrario.

se ho ben capito ....
Quindi, se ho ben capito, vuole affermare che bisognerebbe lasciar perdere il progetto.

se non [mi] sbaglio ....
Se non mi sbaglio, il Colosso di Rodi è una delle sette meraviglie del mondo antico.

se si crede ai sondaggi ....
Se si crede ai sondaggi il 78 per cento delle donne con una relazione stabile non sarebbe soddisfatta della propria vita sessuale.

secondo qu (qc) ....
Secondo una recente indagine, un francese su quattro ritiene che il sole giri intorno alla terra; gli altri tre sono convinti che giri intorno alla Francia.

meines Wissens
Meines Wissens werden noch keine Wasserstoffautos in großer Zahl produziert.

soweit bekannt [ist]
Soweit uns bekannt ist, stellt das Atom ganz einfach die kleinste existierende Einheit eines Elements dar.

soweit ich mich entsinne / wenn ich mich recht entsinne (erinnere)
Wenn ich mich recht erinnere, haben Sie vor kurzem genau das Gegenteil behauptet.

wenn ich recht (richtig) verstanden habe
Also, wenn ich recht verstanden habe, wollen Sie sagen, dass man das Projekt aufgeben soll.

wenn ich mich nicht irre
Wenn ich mich nicht irre, ist der Koloss von Rhodos eines der sieben Weltwunder der Antike.

wenn man den Umfragen Glauben schenkt
Wenn man den Umfragen Glauben schenkt, dann sollen 78 Prozent der Frauen, die in einer dauerhaften Beziehung leben, mit ihrem Sexualleben unzufrieden sein.

nach jds. Aussage / nach dem Urteil von jdm. / ... zufolge
Einer neueren Umfrage zufolge soll jeder vierte Franzose der Auffassung sein, dass die Sonne um die Erde kreist; die anderen drei sind davon überzeugt, dass die Sonne um Frankreich kreist.

secondo quello che ho sentito (capito) [io] . . . . . .
Secondo quello che ho sentito io, i partigiani hanno liberato l'Italia dall'occupazione nazifascista con gli americani, non prima.

secondo quello che mi hanno detto (si dice) ... .
Secondo quello che mi hanno detto gli abitanti del luogo, il locale è gestito dalla mafia russa.

che io sappia . . . .
Che io sappia, non c'è nulla di nuovo sotto il sole.

regola ed eccezione

di regola / ordinariamente / normalmente . . . .
Di regola le grandi decisioni della vita umana hanno a che fare più con gli istinti che con la volontà cosciente.

teoricamente . . . .
Teoricamente hai ragione, ma in pratica non so se si possa fare.

in questo caso . . . .
In questo caso, voi cosa fareste?

nel caso presente . . . .
Nel caso presente non si tratta di una rivendicazione economica da parte del venditore nei confronti del consumatore.

soweit ich gehört (verstanden) habe
  Soweit ich gehört habe, befreiten die Partisanen Italien von der Besetzung durch die Nazis gemeinsam mit den Amerikanern, nicht schon vorher.

nach dem, was (wie) man mir gesagt hat, … / wie man [allgemein] sagt, …
  Nach dem, was mir die Einwohner des Ortes gesagt haben, wird das Lokal von der Russenmafia geführt.

nicht dass ich wüsste / soweit ich weiß
  Nichts Neues unter der Sonne, nicht dass ich wüsste.

Regel und Ausnahme

in der Regel / normalerweise
  In der Regel sind die wichtigen Entscheidungen in einem Menschenleben mehr vom Instinkt als vom bewussten Willen abhängig.

theoretisch
  Theoretisch hast du recht, aber ich weiß nicht, ob es sich in der Praxis machen lässt.

in dem (diesem) Fall
  Was würdet ihr in diesem Fall tun?

im vorliegenden Fall
  Im vorliegenden Fall geht es nicht um einen finanziellen Anspruch des Verkäufers gegenüber dem Verbraucher.

in parte . . . .
Questo è vero, ma solo in parte.

costituire un'eccezione / fare eccezione . . . .
Mentre al Nord l'Italia fa eccezione per i livelli di occupazione, il Sud costituisce un'eccezione per i livelli di disoccupazione.

L'eccezione conferma la regola. . . . .

a seconda che / a seconda delle circostanze . . . . . .
(1) Il corano può essere interpretato sia in chiave moderata, sia in chiave fondamentalista, a seconda che a leggerlo sia un imam moderato o uno fondamentalista.
(2) Ci saranno diverse soluzioni a seconda delle circostanze.

dipende . . . .
Chi cade può sempre risorgere! – Dipende da quale altezza è caduto, potrebbe pure sfracellarsi.

leggero dubbio oppure insicurezza

bisogna tener conto [, però,] che ... .
Bisogna tener conto, però, che le previsioni dei consumi sono in continua crescita.

teilweise / zum Teil
 Das ist richtig, aber nur zum Teil.

eine Ausnahme bilden (darstellen)
 Während im Norden Italien durch sein hohes Beschäftigungsniveau eine Ausnahme bildet, stellt der Süden mit seiner Arbeitslosenquote eine Ausnahme dar.

Die Ausnahme bestätigt die Regel.

je nachdem / je nach den Umständen
 (1) Der Koran kann sowohl gemäßigt als auch fundamentalistisch ausgelegt werden, je nachdem, ob er von einem gemäßigten oder einem fundamentalistischen Imam gelesen wird.
 (2) Je nach den Umständen wird es andere Lösungen geben.

das (es) kommt darauf an / je nachdem
 Wer hinfällt, kann immer wieder aufstehen! – Es kommt darauf an, von welcher Höhe er gefallen ist, er könnte auch zerschellen.

leichter Zweifel bzw. Unsicherheit

man muss (wir müssen) [jedoch] bedenken, dass ...
 Man muss jedoch bedenken, dass den Voraussagen zufolge der Konsum beständig zunimmt.

è vero che ..., ma in fondo ...
È vero che i professori alle superiori sono nemici degli studenti, ma in fondo quello è il loro ruolo.

essere considerato come ...
Il turismo sessuale oggi è considerato come il terzo traffico illegale per ordine d'importanza dopo quello di droga e quello delle armi.

ho l'impressione che ...
Ho l'impressione che vivere sia come guardare una sigaretta bruciare: si ha quasi paura di godersela e consumarla.

ho sentito dire ...
Ho sentito dire che in Central Park, durante la Grande Depressione del 1922, i piccioni portavano le briciole di pane ai passanti.

va notato [però] che ...
Va notato però che i parchi in città offrono rifugio a molti animali che non riescono a sopravvivere in campagna.

bisogna chiedersi [però] se ...
Bisogna chiedersi però se questo comporti effettivamente un problema.

es stimmt zwar, dass …, aber im Grunde [genommen] …

Es stimmt zwar, dass die Lehrer an den weiterführenden Schulen Feinde der Schüler sind, aber im Grunde ist das ihre Rolle.

gelten als … / betrachtet werden als …

Der Sextourismus gilt nach dem Drogenhandel und dem Waffenschmuggel als drittwichtigste illegale Einnahmequelle.

ich habe den Eindruck, dass …

Ich habe den Eindruck, dass wir so leben, wie wir dem Abbrennen einer Zigarette zuschauen: so, als hätten wir Angst davor, sie zu genießen und zu verbrauchen.

ich habe gehört, dass …

Ich habe gehört, dass im Central Park während der großen Wirtschaftskrise 1922 die Tauben den Passanten Brotkrümel brachten.

es muss [jedoch] festgehalten (festgestellt) werden, dass …

Es muss jedoch festgestellt werden, dass die städtischen Parkanlagen für viele Tiere, die auf dem Land nicht überleben können, einen Lebensraum bieten.

man muss sich [jedoch/allerdings] fragen, ob …

Man muss sich jedoch fragen, ob das tatsächlich ein Problem mit sich bringt.

non si può mai sapere . . . .
   Non si può mai sapere ciò che riserva il futuro.

**Non so se mi sono spiegato [bene/chiaramente]. /
Non so se mi spiego.** . . . .

man kann nie wissen
   Man kann nie wissen, was die Zukunft bringt.

Ich weiß nicht, ob ich mich richtig (klar/deutlich [genug]) ausgedrückt habe.

8. Esprimere un contrasto o un dubbio

contrastare e paragonare

da un lato …, dall'altro lato … / da una parte …, d'altra parte … . . . .
(1) Da un lato penso che non possiamo credere di essere l'unico pianeta «vivo» nell'universo. Dall'altro lato penso che questo sia solo un nostro desiderio.
(2) Possiamo anche fermarci qui. La fede, d'altra parte, non ha bisogno di ulteriori spiegazioni.

in teoria … in pratica … . . . .
Magari in teoria va bene. Ma in pratica?

… e viceversa . . . .
Con questo software è possibile convertire wmv in avi e viceversa.

essere l'opposto di qc . . . .
Il risultato è proprio l'opposto di ciò che volevamo.

essere incompatibile con qc . . . .
Tale opinione è incompatibile con la fede cattolica.

8. Gegensatz und Zweifel ausdrücken

gegenüberstellen und vergleichen

einerseits ... andererseits ...
(1) Einerseits denke ich, dass wir nicht glauben können, der einzige »belebte« Planet im Weltall zu sein. Andererseits denke ich, dass dies nur ein Wunsch von uns ist.
(2) Wir können auch hier stehenbleiben. Der Glaube benötigt andererseits keine weiteren Erklärungen.

theoretisch (in der Theorie) ... praktisch (in der Praxis)
In der Theorie funktioniert das vielleicht. Aber in der Praxis?

... und umgekehrt
Mit dieser Software kann man wmv-Dateien in avi-Dateien umwandeln und umgekehrt.

im [völligen] Gegensatz (Widerspruch) zu etwas stehen
Das Ergebnis steht im völligen Gegensatz zu dem, was wir wollten.

unvereinbar mit etwas sein
So eine Meinung ist mit dem katholischen Glauben unvereinbar.

bisogna [ben] distinguere tra ... e ... .
Bisogna ben distinguere ciò che è più importante da ciò che lo è meno.

rispetto a qc . . . .
Negli ultimi cinque anni in Italia l'inflazione è stata più alta rispetto all'inflazione in Germania.

in confronto a qc / a (in) paragone di qc . . . .
(1) In confronto a molti paesi OCSE, in Italia le donne hanno più difficoltà a conciliare lavoro e famiglia.
(2) L'Italia meridionale in paragone dell'Italia del Centro e del Nord ha un tasso di discoccupazione molto più alto.

non c'è paragone [tra due cose] . . . .
Tra Napoli e Salerno non c'è paragone, Napoli è un'altra dimensione.

(non) reggere ... al (il) paragone (confronto) con qc (qu) . . . .
Non c'è nulla al mondo che possa reggere il confronto con la storia, la tradizione e il gusto dell'artigianalità italiana.

Il paragone non regge. . . . .

man muss (wir müssen) [gut] unterscheiden zwischen ... und ...
  Man muss gut zwischen dem unterscheiden, was wichtiger ist, und dem, was weniger wichtig ist.

im Vergleich mit (zu) etwas / hinsichtlich
  In den letzten fünf Jahren war in Italien die Inflation höher als in Deutschland.

im Vergleich zu etwas
  (1) Im Vergleich zu vielen OECD-Ländern ist es in Italien für Frauen schwieriger, Arbeit und Familie miteinander in Einklang zu bringen.
  (2) Süditalien hat im Vergleich zu Mittel- und Norditalien eine viel höhere Arbeitslosenquote.

[zwei Dinge sind] nicht miteinander vergleichbar
  Neapel und Salerno sind nicht miteinander vergleichbar, Neapel ist einfach eine andere Dimension.

sich mit etwas (jdm.) [nicht] messen können
  Nichts auf der Welt kann sich mit der Geschichte, der Tradition und dem Geschmack des italienischen Kunsthandwerks messen.

Der Vergleich hinkt.

introdurre un'obiezione

tuttavia/eppure . . . .
(1) Questo articolo mi sembra interessante. Eppure a mio avviso non tiene conto di un aspetto fondamentale.
(2) La scelta del luogo dove vivono i bonsai è estremamente importante; tuttavia ci sono poche persone che hanno a disposizione un ambiente adatto.

però/invece . . . .
(1) Non ci posso credere, però col passar del tempo questo pensiero mi diverrà familiare.
(2) Pensavo che avessimo più tempo. E invece ora ci dobbiamo sbrigare.

ciononostante / ciò nonostante . . . .
Pochi uomini pensano; ciononostante, tutti hanno un'opinione.

essere contrario a qc . . . .
Sono contrario alla violenza.

sostenere [in effetti / al contrario] che ... (+ cong.) . .
Si potrebbe sostenere in effetti che il dibattito televisivo sia solo un finto dibattito.

contrariamente a qc (qu) . . . .
Prima cosa, contrariamente a quello che vogliono far credere alcuni autori, Gesù non era gay.

einer Meinung widersprechen

dennoch / und doch
(1) Dieser Artikel erscheint mir interessant. Dennoch berücksichtigt er meiner Ansicht nach einen grundlegenden Aspekt nicht.
(2) Die Wahl des Ortes, wo Bonsai gedeihen, ist extrem wichtig; und doch haben nur wenige Leute einen passenden Platz zur Verfügung.

jedoch/aber
(1) Ich kann es nicht glauben, aber mit der Zeit wird mir der Gedanke daran vertraut werden.
(2) Ich dachte, wir hätten mehr Zeit. Aber jetzt müssen wir uns beeilen.

dessen ungeachtet / dennoch / trotzdem
Die wenigsten Menschen denken nach; trotzdem haben alle eine Meinung.

gegen etwas sein
Ich bin gegen Gewalt.

[in der Tat / im Gegenteil] behaupten, dass ...
Man könnte in der Tat behaupten, dass die TV-Debatte nur eine fingierte Debatte ist.

im Gegensatz zu etwas (jdm.)
Zuallererst, im Gegensatz zu dem, was uns manche Autoren glauben machen wollen, war Jesus nicht schwul.

contrariamente a quello che pensi (dici) . . . .
Contrariamente a quanto pensi, la soddisfazione dei nostri clienti è il nostro obiettivo primario.

direi piuttosto che ... .
Ho sentito dire che l'Italia sia un paese bellissimo. Direi piuttosto che è il paese più bello in assoluto.

opporsi a qc . . . .
Ci dobbiamo opporre alle centrali nucleari dovunque, non solo nel nostro territorio.

contrastare qu (qc) . . . .
Ma questa è una tendenza che dobbiamo contrastare energicamente.

confutare [un argomento] . . . .
Io mi sento di confutare con estremo vigore tale affermazione.

Dove vuoi (vuole) andare a parare? . . . .

a sentire te . . . .
A sentire te, tutto questo l'hai fatto solamente perché stavi litigando con tua moglie.

Questi sono affari miei. . . . .

Non ti (La) riguarda. / Non sono affari tuoi (Suoi). . . .

im Gegensatz zu dem, was du denkst (was du sagst)
Im Gegensatz zu dem, was du denkst, ist die Zufriedenheit unserer Kunden unser erstes Ziel.

ich würde eher sagen (behaupten), dass ...
Ich habe sagen hören, Italien sei ein wunderschönes Land. Ich würde eher behaupten, dass es das allerschönste Land überhaupt ist.

widerstehen / sich widersetzen
Wir müssen gegen Atomkraftwerke auf der ganzen Welt protestieren, nicht nur gegen die in unserem Land.

jdm. (etwas) widersprechen / entgegenwirken
Das ist eine Tendenz, der wir energisch entgegenwirken müssen.

[einer These] widersprechen
Dieser Behauptung möchte ich mit allem Nachdruck widersprechen.

Worauf willst du (wollen Sie) hinaus?

wenn man dich so reden hört
Wenn man dich so reden hört, hast du das alles nur gemacht, weil du mit deiner Frau Streit hattest.

Das ist meine Sache (Privatangelegenheit).

Das geht dich (Sie) nichts an.

9. Per evitare le pause

per evitare le pause

Ho perduto il filo [del discorso]. . . . .

allora . . . .
Allora, che ne pensa del mio caso?

bene/ebbene . . . .
Ebbene sì, lo confesso, ho fatto un errore.

dunque . . . .
Stavo dimenticando … mmmh … diciamo, … bo … vediamo un po' … dunque … mmmh … il concetto ce l'ho in testa, ma non conosco un termine che me lo possa descrivere.

ecco . . . .
Posso dire una cosa personale? Ecco, anch'io una volta ho marinato la scuola.

appunto . . . .
Appunto … volevo dire proprio questo.

infatti / in effetti . . . .
In effetti c'è da stupirsi che finora nessuno abbia ancora protestato.

9. Sprechpausen überbrücken

Sprechpausen überbrücken

Ich habe den [Gesprächs-]Faden verloren.

also/nun
 Also, was halten Sie von meinem Fall?

gut
 Nun gut, ich gebe es zu, ich habe einen Fehler gemacht.

also
 Ich habe es vergessen ... ähm ... sagen wir ... also ... schauen wir mal ... also ... ähm ... die Idee habe ich im Kopf, aber ich finde keinen Begriff, sie zu beschreiben.

ja/also
 Darf ich etwas Persönliches sagen? Ja, auch ich habe einmal die Schule geschwänzt.

eben
 Eben ... genau das wollte ich sagen.

in der Tat
 In der Tat ist es verwunderlich, dass bis jetzt noch niemand protestiert hat.

effettivamente ....
Non è che non mi piaci per niente. Effettivamente, quando penso al mio uomo ideale mi vieni in mente tu. Come esatto contrario!

evidentemente ....
Credevo che le stelle fossero in cielo ... evidentemente mi sbagliavo ... tu ne sei la prova!

riformulare / cercare la parola

come dire ....
Per me l'Italia era ... come dire ... il Paese delle meraviglie.

voglio dire ....
In alcune situazioni, voglio dire, quando non conosco proprio nessuno, mi sento in imbarazzo.

..., diciamo, ...
Ora, se permettete, passerei ai casi, diciamo, più complessi.

dicevo / come dicevo / stavo dicendo ....
(1) Veniamo ora al dono della lingua che, come dicevo, è una componente distintiva degli esseri umani.
(2) Cosa stavo dicendo? Ah sì, che non mi piace quella idea.

in der Tat / nämlich
  Nicht, dass du mir gar nicht gefällst. Wenn ich nämlich an meinen idealen Mann denke, dann fällst du mir ein. Als genaues Gegenteil!

offensichtlich/anscheinend
  Ich glaubte, die Sterne würden am Himmel stehen. Offensichtlich habe ich mich getäuscht: Du bist der Beweis!

umformulieren / nach dem richtigen Wort suchen

wie soll ich sagen?
  Für mich war Italien – wie soll ich sagen – das Wunderland.

also
  In manchen Situationen, also, wenn ich gar niemanden kenne, fühle ich mich gehemmt.

…, sagen wir mal, …
  Wenn ihr einverstanden seid, würde ich jetzt zu den, sagen wir mal, schwierigeren Fällen weitergehen.

wie ich [schon] gesagt habe / ich wollte sagen
  (1) Kommen wir nun zu der Tatsache, dass die Gabe der Sprache, wie schon gesagt, ein unterscheidendes Merkmal des Menschen ist.
  (2) Was wollte ich gerade sagen? Ach ja, dass mir diese Idee nicht gefällt.

110   *Per evitare le pause*

come [ti/Le/vi] ho già detto . . . .
   Come vi ho già detto avete entrambi ragione.

Sia lecita la parola. . . . .

..., mi capisci / mi capisce? . . . .
   Con questo non volevo offenderLa, mi capisce?

relativare

ad (in) ogni modo / in ogni caso . . . .
   Ad ogni modo, tenete sempre a mente che a noi questo progetto importa tantissimo.

comunque / comunque sia . . . .
   (1) Io penso che comunque sia un'ottima iniziativa.
   (2) Comunque sia: complimenti per la bella ed interessante iniziativa!

in un certo senso / in qualche modo . . . .
   (1) In un certo senso, è tutta una questione di soldi.
   (2) La soluzione che abbiamo trovato è, in qualche modo, un compromesso.

per modo di dire / per così dire . . . .
   La madre non c'è, e la sostituisce, per modo di dire, la sorella maggiore.

wie gesagt, ... / wie ich [dir/Ihnen/euch] schon gesagt habe, ...
Wie ich euch schon gesagt habe, habt ihr beide recht.

Wenn ich [einmal/mal] so sagen darf.

..., verstehst du / verstehen Sie mich?
Damit wollte ich Sie nicht beleidigen, verstehen Sie mich?

relativieren

jedenfalls / auf jeden Fall
Auf jeden Fall denkt immer daran, dass uns das Projekt sehr wichtig ist.

wie auch immer / wie dem auch [immer] sei
(1) Wie auch immer, ich denke, dass es eine tolle Initiative ist.
(2) Wie dem auch immer sei: Kompliment für die schöne und interessante Initiative!

gewissermaßen
(1) Es ist gewissermaßen eine Frage des Geldes.
(2) Die Lösung, die wir gefunden haben, ist gewissermaßen ein Kompromiss.

sozusagen
Eine Mutter existiert nicht, und die ältere Schwester ersetzt sie sozusagen.

praticamente . . . .
   Questo è praticamente il contrario di quello che ha detto prima.

in realtà / per dire il vero . . . .
   Ad ogni modo, per dire il vero, la fedeltà oggigiorno si trova di rado.

praktisch
 Das ist praktisch das Gegenteil von dem, was Sie vorher behauptet haben.

eigentlich / genau genommen / streng genommen
 Wenn man es genau nimmt, gibt es heutzutage richtige Treue nur noch selten.

10. Per concludere

riassumere

tenuto conto di tutto . . . .
Tenuto conto di tutto ciò, è difficile oggi immaginare un'alternativa radicale credibile al sistema economico attuale.

considerati i pro e i contro . . . .
Considerati i pro e i contro, credo che il referendum debba essere appoggiato.

ricordiamoci brevemente qc . . . .
Ricordiamoci brevemente quello che sta succedendo.

[allora/bene,] riassumiamo . . . .
(1) Allora riassumiamo quello che è accaduto!
(2) Bene, riassumiamo tutti i dati a nostra disposizione.

riassumendo si può dire che ... .
Riassumendo si può dire che nella stupenda e straordinaria natura del Lago di Garda le possibilità per il tempo libero sono infinite e grandiose.

10. Abschluss und Zusammenfassung

zusammenfassen

wenn man alles berücksichtigt
   Wenn man das alles berücksichtigt, dann ist es heute schwierig, sich eine radikale und glaubwürdige Alternative zum gegenwärtigen Wirtschaftssystem vorzustellen.

betrachtet man die Vor- und Nachteile
   Betrachtet man die Vor- und die Nachteile, glaube ich, dass man das Referendum unterstützen sollte.

vergegenwärtigen wir uns etwas [noch einmal] kurz
   Vergegenwärtigen wir uns kurz, was derzeit passiert.

[also/gut,] fassen wir [noch einmal] kurz zusammen
   (1) Also, fassen wir noch einmal zusammen, was passiert ist!
   (2) Gut, fassen wir alle Daten, die uns zur Verfügung stehen, zusammen.

zusammenfassend kann man sagen, dass ...
   Zusammenfassend kann gesagt werden, dass es in der wunderbaren und einzigartigen natürlichen Umgebung des Gardasees eine unendliche Zahl an großartigen Freizeitangeboten gibt.

riassumere per sommi capi . . . .
Per prima cosa riteniamo però giusto riassumere per sommi capi di cosa si tratta.

concludere

vorrei finire [il mio intervento] . . . .
Vorrei finire il mio intervento con una strofa di una canzone di Gaber: Io non mi sento italiano, ma per fortuna lo sono.

in conclusione / per concludere / per finire . . . .
(1) In conclusione un ringraziamento particolare agli Enti ed alle personalità che hanno patrocinato l'evento.
(2) Per concludere vorrei dare un consiglio a tutti coloro che soffrono per la fine di un amore.
(3) Per finire vorrei citare una frase di Manzoni.

in fin dei conti . . . .
In fin dei conti non si può negare che c'è una grande differenza tra le due cose.

alla fine . . . .
Alla fine vorrei ringraziarvi per la gentilezza di avermi ascoltato con tanta pazienza.

grob (in großen Zügen) zusammenfassen
Als erstes halten wir es jedoch für richtig, in großen Zügen zusammenzufassen, worum es sich handelt.

abschließen

ich möchte [meinen Vortrag] [be]enden
Ich möchte meinen Vortrag mit einer Strophe aus einem Lied von Gaber beenden: Ich fühle mich nicht als Italiener, aber zum Glück bin ich einer.

abschließend / zum Abschluss
(1) Abschließend ein besonderer Dank an die Institutionen und an alle, die dieses Ereignis unterstützt haben.
(2) Abschließend möchte ich allen, die unter dem Ende einer Beziehung leiden, einen Rat geben.
(3) Zum Abschluss möchte ich einen Satz von Manzoni zitieren.

alles in allem / im Grunde / schließlich
Schließlich kann man nicht abstreiten, dass zwischen den beiden Sachen ein großer Unterschied besteht.

zum Schluss
Zum Schluss möchten ich Ihnen danken, dass Sie so freundlich waren, mir mit so großer Geduld zuzuhören.

in sostanza . . . .
Il rispetto dei diritti civili è, in sostanza, la base della democrazia.

(per dirla) in breve / in poche parole . . . .
(1) In breve, ciò significa che ci dobbiamo fermare qui.
(2) Abbiamo provato diverse possibilità, ma alla fine la cosa, per dirla in poche parole, non funzionava.

in altre parole / in altri termini . . . .
Tutto quello che abbiamo discusso fin qui è inutile, in altre parole, dobbiamo proprio ripartire da zero.

in ultima analisi . . . .
L'incidente era in ultima analisi inevitabile.

insomma . . . .
Insomma, per dirla a chiare lettere, ho l'impressione di avere avuto una bella dose di fortuna.

tutto sommato . . . .
Tutto sommato si vede che i motivi esposti in questa sede non sono sufficienti.

tirare le somme . . . .
È il momento di tirare le somme.

Abschluss und Zusammenfassung

im Grunde / im wesentlichen
Die Achtung der Bürgerrechte ist im Grunde das Fundament der Demokratie.

kurzum / kurz und gut / mit einem Wort
(1) Kurz und gut, das heißt, dass wir hier aufhören müssen.
(2) Wir haben verschiedene Möglichkeiten ausprobiert, aber, um es mit einem Wort zu sagen, die Sache hat nicht funktioniert.

anders gesagt / anders ausgedrückt / mit anderen Worten
Alles was bisher diskutiert wurde, ist sinnlos, anders gesagt, wir müssen noch einmal ganz von vorn anfangen.

letztendlich
Der Unfall war letztendlich unvermeidbar.

schließlich
Schließlich, um es ganz deutlich zu sagen, habe ich den Eindruck, dass ich eine ganze Menge Glück gehabt habe.

alles in allem / im ganzen gesehen / summa summarum
Alles in allem zeigt sich, dass die Gründe, die hier vorgetragen wurden, nicht ausreichend sind.

ein Resümee ziehen
Jetzt ist der Moment, ein Resümee zu ziehen.

concludere con una valutazione

lasciare la cosa così com'è ....
Io sono abbastanza d'accordo, per me potrebbero anche lasciare la cosa così com'è.

bisogna farla finita con qc ....
Bisogna farla finita con questa cosa inutile.

resta da fare ....
Resta da decidere la data.

(ci) resta da risolvere un problema ....
In realtà resta da risolvere un problema importante.

resta da sapere se (chi/come/dove/quando/perché) ... .
Resta da sapere chi sono i colpevoli.

abschließende Wertung

es auf sich beruhen lassen / es dabei belassen
Ich bin soweit einverstanden, für mich könnte man die Sache auch so lassen, wie sie ist.

mit etwas [endlich] aufhören müssen / Schluss machen müssen
Man muss endlich mit dieser sinnlosen Sache aufhören.

noch zu tun bleiben
Es bleibt noch das Datum zu entscheiden.

eine Frage bleibt noch offen / bleibt noch eine Frage
In Wirklichkeit bleibt eine wichtige Frage noch offen.

jetzt fragt sich nur noch / jetzt bleibt nur noch die Frage offen / es fragt sich nur, ob (wer/wie/wo/wann/warum) …
Jetzt bleibt nur noch die Frage, wer die Schuldigen sind.

Formulierungen zum organisatorischen Ablauf von Konferenzen und Sitzungen

il congresso	der Kongress, die Tagung
la conferenza	die Konferenz, der Vortrag
la riunione	die Versammlung
l'assemblea	die Versammlung
la seduta	die Sitzung
il dibattito	die Debatte, die Diskussion
il discorso	die Rede
la relazione	der Bericht, das Referat
l'intervento	die Ansprache, die Rede, der Beitrag

---

il (la) presidente di un congresso	der Vorsitzende/Leiter (die Vorsitzende/Leiterin) eines Kongresses
il (la) partecipante ad un congresso	der Kongressteilnehmer (die Kongressteilnehmerin)
il delegato (la delegata)	der (die) Delegierte

partecipare (prendere parte) ad un congresso	an einem Kongress teilnehmen
convocare un'assemblea (una riunione / una seduta) per le ore ...	eine Versammlung für ... Uhr einberufen
inaugurare un congresso	einen Kongress eröffnen
cominciare (iniziare/ aprire/dare inizio a) una seduta	eine Sitzung eröffnen (anfangen)
rimandare una seduta	eine Sitzung vertagen
essere atto a deliberare / essere in numero legale	beschlussfähig sein

---

l'ordine del giorno	die Tagesordnung
redigere l'ordine del giorno	die Tagesordnung abfassen
presentare una mozione d'ordine	einen Antrag zur Tagesordnung stellen
approvare l'ordine del giorno	die Tagesordnung annehmen
rendere noto l'ordine del giorno	die Tagesordnung bekanntgeben
aggiungere un punto (tema) all'ordine del giorno	einen Punkt auf die Tagesordnung setzen

togliere (eliminare) un punto (tema) dall'ordine del giorno	einen Punkt von der Tagesordnung streichen
questo tema (punto) non figura sull' (non è contenuto nell') ordine del giorno	dieser Punkt steht nicht auf der Tagesordnung
attenersi all' (rispettare l') ordine del giorno	sich an die Tagesordnung halten
Passiamo al punto 2 (alla discussione del punto 2) dell'ordine del giorno.	Kommen wir zu Punkt 2 der Tagesordnung.

---

fare (redigere/stendere) il verbale	das Protokoll führen (abfassen)
mettere qc a verbale	etwas zu Protokoll geben (in das Protokoll aufnehmen)
dare lettura del verbale	das Protokoll verlesen
porre una domanda sul regolamento interno	eine Frage zur Geschäftsordnung stellen
osservare (rispettare) il (le disposizioni del) regolamento interno	die Geschäftsordnung einhalten
sollevare un'obiezione al modo di procedere	einen Einwand gegen die Verfahrensweise erheben

accettare (accogliere) un'obiezione	einem Einwand stattgeben
respingere un'obiezione	einen Einwand zurückweisen
rinviare (aggiornare) la seduta per le ore … (per lunedì / a domani / alla settimana prossima)	die Sitzung auf … Uhr (auf Montag / auf morgen / auf nächste Woche) vertagen
levare (terminare) la seduta	die Sitzung aufheben (beenden/schließen)

---

proporre che qc sia fatto	beantragen, dass etwas getan wird
avanzare (presentare) una mozione (una proposta)	einen Antrag stellen (einbringen)
accogliere (approvare) una mozione (una proposta)	einen Antrag annehmen
rifiutare (respingere) una mozione (una proposta)	einen Antrag ablehnen
partecipare (intervenire/ prendere parte) a una discussione	sich an einer Diskussion beteiligen
alzare la mano / chiedere la parola	die Hand heben / sich zu Wort melden / um das Wort bitten

prendere la parola	das Wort ergreifen
dare (concedere) la parola a qu	jdm. das Wort erteilen
togliere la parola a qu	jdm. das Wort entziehen
essere a favore (contro) una mozione	für (gegen) einen Antrag sein/stimmen
votare [qc]	abstimmen [über etwas]
mettere a votazione [qc]	abstimmen lassen [über etwas]
votare per (a favore di/contro) qc (qu)	für (gegen) etwas (jdn.) stimmen
votare a scrutinio segreto	in geheimer Wahl abstimmen
votare per appello nominale	namentlich abstimmen
essere pronti a votare	zur Abstimmung bereit sein
decidere su una proposta	über einen Antrag entscheiden
astenersi dal voto	sich der Stimme enthalten
dare il [proprio] voto	seine/ihre Stimme abgeben
15 voti a favore, 12 voti contrari e 7 astensioni (voti astenuti)	15 Stimmen dafür, 12 dagegen und 7 Enthaltungen

fare lo spoglio dei voti	die Stimmen zählen
La proposta è stata approvata [all'unanimità].	Der Antrag ist [einstimmig] angenommen.
La proposta è stata rifiutata [con 23 voti contro 12].	Der Antrag ist [mit 23 zu 12 Stimmen] abgelehnt.
La votazione è finita in pareggio.	Die Abstimmung hat Stimmengleichheit ergeben.
chiedere un secondo conteggio [dei voti]	eine nochmalige [Aus-]Zählung [der Stimmen] verlangen
fare un secondo scrutinio	noch einmal abstimmen
prendere una decisione (risoluzione) [all'unanimità]	[einstimmig] einen Beschluss fassen (eine Resolution verabschieden)
il ballottaggio	die Stichwahl

Register der deutschen Übersetzungen

Das Register erfasst nur die fett gedruckten Diskussionswendungen, nicht aber das Sprachmaterial aus den Anwendungsbeispielen und die *Formulierungen zum organisatorischen Ablauf von Konferenzen und Sitzungen*.

A

aber: 103
abgeben: ein Urteil über etwas (jdn.) ~ 35
abschließend: 117
Abschluss: zum ~ 117
absehen: davon abgesehen 87; abgesehen von etwas 87
acht: man darf nicht außer ~ lassen (übersehen), dass ... 55
achten: etwas gering ~ 37
ähneln: jdm. (etwas) ~ 29
alles: ~ in allem 117
als erstes: 13; ~ ... als zweites 13
also: 51, 71, 107, 109
anbelangen: was etwas anbelangt 27
Anbetracht: in ~ (angesichts) einer Sache 33
ändern: seine Meinung ~ 77
anders: ~ über etwas denken 85; ~ gesagt 119; ~ ausgedrückt 119; mit anderen Worten 119
anfangen: ~ etwas zu tun 15; bei etwas (Null/hier) ~ 15
anführen: noch viele Beispiele ~ 57; um nur ein Beispiel anzuführen 59; einen Grund für etwas ~ 69
angebracht: es für ~ (ratsam) halten, etwas zu tun 39; ~ sein 45

angehen: ein Problem ~ 15; was etwas angeht 27; Das geht dich (Sie) nichts an 105
angesichts: ~ (in Anbetracht) einer Sache: 33
ankommen: das (es) kommt darauf an 93
Annahme: eine ~ (Hypothese/ Vermutung) bestätigen 67
annehmen: angenommen, dass ... 65
anscheinend: 109
Ansicht: meiner (Ihrer) ~ (Meinung) nach 79; der ~ sein, dass ... 83; der gleichen ~ (Meinung) sein 83
Ansichtssache: das ist ~ 77
ansprechen: ein Problem (eine Frage) ~ 15
ansteigen: 23
a propos: 17
Aspekt: unter diesem Aspekt 31
aufgeteilt: etwas ist in ... aufgeteilt (unterteilt) 25
aufhören: mit etwas ~ müssen 121
Aufmerksamkeit: jds. ~ auf etwas lenken 55
aufwerfen: ein Problem ~ 15
Augen: sich etwas deutlich vor ~ führen 19
ausdrücken: einfach ausgedrückt

63; die eigene Meinung über (zu) etwas ~ (sagen/äußern) 77; Ich weiß nicht, ob ich mich richtig (klar/deutlich) ausgedrückt habe 97
ausdrücklich: 51
ausgezeichnet: etwas ~ finden 83
Ausnahme: eine ~ bilden (darstellen) 93; Die ~ bestätigt die Regel 93
Aussage: nach jds. ~ 89
außer: 87
äußern: die eigene Meinung über (zu) etwas ~ (sagen/ausdrücken) 77
aussprechen: sich für (gegen) etwas (jdn.) ~ 79
ausüben: einen großen Einfluss auf etwas (jdn.) ~ 25; eine positive (negative) Wirkung auf etwas (jdn.) ~ 73

B

beabsichtigen: 71
beachten: man beachte, dass … 53
bedenken: etwas ~ 31; es ist auch zu ~ (zu betonen / darauf hinzuweisen), dass … 53; man muss (wir müssen) ~, dass … 93
bedeuten: das bedeutet praktisch (letztlich / letzten Endes), dass … 35; im Klartext bedeutet (heißt) das 63
Bedeutung: einer Sache große ~ beimessen 57; einer Sache mehr ~ beimessen als einer anderen 57; eine besondere ~ gewinnen 57; von besonderer ~ sein 57
Bedingung: unter der ~, dass … 65; unter diesen ~en 65
beeindrucken: was mich besonders (vor allem) beeindruckt (verwundert), ist, dass … 55
beenden: ich möchte meinen Vortrag ~ 117
Beginn: zu ~ 13
beginnen: eine Diskussion ~ 15
behaupten: das Gegenteil ~ 85; ~, dass … 103; ich würde eher ~ (sagen), dass … 105
beimessen: einer Sache große Bedeutung ~ 57; einer Sache mehr Bedeutung ~ als einer anderen 57
beiseite: etwas ~ lassen 19
Beispiel: nehmen wir zum ~ (beispielsweise) 21; die ~e beliebig vermehren 57; noch viele ~e bringen (anführen) 57; um nur ein ~ anzuführen (zu nennen) 59
beispielsweise: nehmen wir ~ (zum Beispiel) 21
bekannt: soweit ~ ist 89
bekräftigen: ich möchte noch einmal ~, dass … 53
belassen: es dabei ~ 121
belaufen: sich auf etwas ~ 23
Bereich: im politischen (technischen/künstlerischen usw.) ~ 27; in diesem ~ 27
berücksichtigen: etwas ~ 31; wenn man alles berücksichtigt 115
beruhen: auf etwas ~ 69; es auf sich ~ lassen 121

besonders: 51; eine besondere Bedeutung gewinnen 57; von besonderer Bedeutung sein 57
bestätigen: eine Hypothese (Annahme/Vermutung) ~ 67
bestehen: etwas besteht aus … 25; es besteht kein Zweifel, dass … 41
bestenfalls: 39
betonen: etwas ~ 51; es ist auch zu ~ (zu bedenken / darauf hinzuweisen), dass … 53
betrachten: betrachtet werden als 95; betrachtet man die Vor- und Nachteile 115
betragen: 23
betreffen: was … betrifft 27; was mich betrifft, so … 81
bevor: 13
bewusst: sich einer Sache ~ werden 19
Beziehung: in dieser ~ (Hinsicht) 33
bezüglich (hinsichtlich) des (der): 27
bilden: sich eine Meinung über etwas ~ 77
bis: ~ auf 87
bleiben: es bleibt uns nichts anderes übrig, als … 75; noch zu tun ~ 121
Blick: auf den ersten ~ 33
Blickwinkel: aus diesem ~ betrachtet (unter diesem Aspekt) 31
bringen: ein Problem mit sich ~ 15; noch viele Beispiele ~ 57

D

da: 67; ~ ja 69
daher: 71
damit: 71
darlegen: ein Problem (eine These / die Gründe / den eigenen Standpunkt) ~ 17
darstellen: das Für und Wider ~ (ausdrücken) 79
darüber: 27
das heißt: 61
dasselbe: auf ~ (das Gleiche) hinauslaufen 35
denken: ~, dass … 81; darüber ~ 83; anders über etwas ~ 85
dennoch: 103
derart: ~, dass … 73
deswegen: 71
Detail: ins ~ gehen 19
diesbezüglich: 27
Dinge: Die ~ liegen so 21; die ~ komplizieren (kompliziert machen) 75
Diskussion: eine ~ beginnen 15; es steht außer ~ (Frage) 41
doch: und ~ 103
Durchschnitt: 25

E

eben: 51, 107
eigentlich: 113
Eindruck: den ~ erwecken 45; nicht den ~ machen, als ob 45; ich habe den ~, dass … 95
einerseits: ~ … andererseits … 99

einfach: nichts ist ~er, als etwas zu tun 59; ~ ausgedrückt 63

einfachste: Das ist nicht der ~ Weg, aber ... 47; die ~ Lösung 47

Einfluss: einen großen ~ auf etwas (jdn.) ausüben 25

eingehen: auf ein Problem (eine Frage) ~ 15; auf Einzelheiten ~ 19

eins: ~ steht fest 59

einverstanden: mit etwas (jdm.) ~ sein 83

einwenden: Dagegen ist nichts einzuwenden 43; nichts gegen etwas einzuwenden haben 43, 85

Einzelne: ins ~ (Detail) gehen 19

Einzelheiten: in die ~ gehen 19; auf ~ eingehen 19

einzige: der (die) ~ sein, der (die) glaubt, dass ... 43; der (die) ~ sein, der (die) etwas tut 59

entgegenwirken: jdm. (etwas) ~ 105

entsinnen: soweit ich mich entsinne / wenn ich mich recht entsinne (erinnere) 89

entspringen: aus etwas ~ 69

Erfahrung: etwas aus ~ wissen 43

erinnern: wenn ich mich recht erinnere (entsinne) 89

ernstnehmen: etwas ~ 37

ersten: den ~ Platz einnehmen 25

erster: an ~ Stelle stehen 25

erstes: als ~ 13; als ~ ... als zweites 13

erwarten: wie zu ~ war 37

erweisen: sich als wahr ~ 75

F

Fakten: sich an die ~ (Tatsachen) halten 21

Fall: der ~ sein 45; in dem (diesem) ~ 91; im vorliegenden ~ 91; auf jeden ~ 111

fallen: um x % ~ 23

falls: 65

festhalten: es muss festgehalten (festgestellt) werden, dass, ... 95

feststehen: es steht fest, dass ... 41; jedenfalls steht fest, dass ... 41; eins steht fest 59

feststellen: was ich persönlich ~ kann, ist, dass ... 35; es ist interessant festzustellen, dass ... 53; es muss festgestellt (festgehalten) werden, dass ... 95

finden: ~, dass ... 81; etwas interessant (ausgezeichnet/ notwendig/wahrscheinlich) ~ 83; ~, dass jd. recht hat 85

folgen: daraus folgt, dass ... 73

folglich: 71

Frage: eine ~ (Sache) von allgemeinem Interesse 37; es steht außer ~ (Diskussion) 41; eine ~ erhebt sich (stellt sich) 45; etwas in ~ stellen 45; eine ~ bleibt noch offen / bleibt noch eine ~ 121

fragen: nach jds. Meinung ~ 83; man muss sich ~, ob ... 95; jetzt (es) fragt sich nur noch, ob (wer/wie/wo/wann/ warum) ... 121

führen: sich etwas deutlich vor Augen ~ 19; zu etwas ~ 73
für: ~ etwas sein 79; sich ~ etwas aussprechen 79; das Für und Wider darstellen (ausdrücken) 79; ~ mich 81

G

ganz: ~ und gar nicht: 53; im ~en gesehen 119
geben: einen Überblick über etwas ~ 17
Gebiet: auf dem ~ der Politik (Technik/Kunst usw.) 27; auf diesem ~ 27
gefehlt: weit ~ 53
gegen: ~ etwas sein 79, 103; sich ~ etwas aussprechen 79
Gegensatz: im ~ (Widerspruch) zu etwas stehen 99; im ~ zu etwas (jdm.) 103; im ~ zu dem, was du denkst (was du sagst) 105
Gegenseitigkeit: auf ~ beruhen 29
Gegenteil: im ~ 53; das ~ behaupten 85
gehen: es geht um etwas (jdn.) 19; es geht darum, etwas zu tun 19; ins Einzelne (Detail) ~ 19; in die Einzelheiten ~ 19; von ... zu ... ~ 23; den Dingen (der Sache) auf den Grund ~ 35; es geht darum, etwas zu tun 61
gelten: ~ als 95
gemeinsam: etwas ~ haben 29
genau genommen: 113

genauso: ~ verhält es sich auch mit ... 35
gerade: 51
geradeheraus: etwas ~ (klipp und klar / ohne Umschweife) sagen 61
gering: etwas ~ achten 37
gewiss: in ~em Sinne (in ~er Weise/Hinsicht) 87
gewissermaßen: 87, 111
glauben: ~, dass ... 81
gleich: der ~en Meinung (Ansicht) sein 83
Gleiche: auf das ~ hinauslaufen 35; das ~ gilt auch für ... 35; das ~ (dasselbe) sagen 83
Grenzfall: Das ist ein ~ 45
Grund: die Gründe darlegen 17; den Dingen (der Sache) auf den ~ gehen 35; einen ~ für etwas anführen 69; der tiefere (eigentliche) ~ für etwas 69; das ist der ~, weshalb 71; aus diesem ~ 73; im ~e 117, 119
grün: ~es Licht für etwas geben 49
gut: 107

H

haben: 23
halten: sich an die Fakten (Tatsachen) ~ 21
Hand: es liegt auf der ~ 41
handeln: es handelt sich um etwas 61
Hauptgrund: der ~ 69
Hauptsache: die ~ ist, dass ... 39; Das ist die ~ 39

Hauptziel: das ~ einer Sache muss (sollte) darin bestehen, etwas zu tun 39
heißen: das heißt 61; im Klartext heißt (bedeutet) das 63
herausstellen: sich als wahr ~ (erweisen) 75
hervorheben: etwas ~ 51
hierüber: 27
hinaus: Worauf willst du (wollen Sie) ~? 105
hinauslaufen: das läuft praktisch darauf hinaus, dass ... 35; auf dasselbe (das Gleiche) ~ 35
Hinblick: im ~ auf etwas 33
hinsehen: wenn man genauer (näher) hinsieht 33
Hinsicht: in (aus) politischer (moralischer/technischer usw.) ~ (Sicht) 31; in dieser ~ 33; in gewisser ~ 33, 87
hinsichtlich (bezüglich) des (der): 27, 101
hinzu: ~ kommt noch, dass 57
höchstens: 87
hören: soweit ich gehört (verstanden) habe 91; ich habe gehört, dass ... 95; wenn man dich so reden hört 105
Hypothese: eine ~ (Annahme/Vermutung) bestätigen 67

I

infolgedessen: 71
interessant: es ist ~ festzustellen, dass ... 53; etwas ~ finden 83
Interesse: eine Frage (Sache) von allgemeinem ~ 37

irgendwie: 87
irren: wenn ich mich nicht irre 89

J

ja: 107
je: ~ nachdem 93; ~ nach den Umständen 93
jedenfalls: 111
jeder: ~ Dritte (Vierte, Fünfte usw.) 21
jedoch: 103

K

keineswegs: 53
klar: es ist ~ ... 41
klarmachen: sich etwas ~ 19
klarstellen: etwas ~ 61; man muss (ich möchte) ~, dass 63
Klartext: im ~ bedeutet (heißt) das 63
klipp und klar: etwas ~ (geradeheraus / ohne Umschweife) sagen 61
kommen: ~ wir zu einem anderen Thema 17; hinzu kommt noch, dass ... 57
komplizieren: die Dinge ~ (kompliziert machen) 75
kurz: ~ und gut 119
kurzum: 119

L

Lehre: eine ~ aus etwas ziehen 49
lenken: jds. Aufmerksamkeit auf etwas ~ 55

letztendlich: 119
letzten Endes: das bedeutet ~ (praktisch), dass ... 35
letztlich: das bedeutet ~ (praktisch) 35
leugnen: es lässt sich nicht ~, dass ... 59
Licht: im ~ des bisher Gesagten 31; grünes ~ für etwas geben 49
lieber: etwas ~ tun 25
liegen: Die Dinge ~ so 21; es liegt auf der Hand ... 41
Lösung: die einfachste ~ 47; es gibt keine andere ~, als ... 75
lohnen: Es lohnt sich nicht, darüber zu sprechen 45

M

Meinung: eine vorgefasste ~ (Vorurteil) über etwas 77; sich eine ~ über etwas bilden 77; die eigene ~ über (zu) etwas ausdrücken (sagen/äußern) 77; seine ~ ändern 77; meiner (Ihrer) ~ (Ansicht) nach 79; ich bin der ~ (Auffassung/Ansicht), dass ... 81; nach jds. ~ fragen 83; der gleichen (Ansicht) sein 83; eine ~ teilen 83
messen: sich mit etwas (jdm.) nicht ~ können 101
müssen: etwas tun ~ 37

N

nachdenken: wenn man richtig darüber nachdenkt 33

nämlich: 61, 109
nehmen: ~ wir zum Beispiel (beispielsweise) 21; etwas auf die leichte Schulter ~ 37
neigen: dazu ~, etwas zu tun 25
nennen: um nur ein Beispiel zu ~ 59
normalerweise: 91
notwendig: etwas ~ finden 83
nun: 107
nützen: wozu nützt das (es), etwas zu tun 45; Es nützt nichts 45

O

obwohl: 67
offen: um es ~ zu sagen 61; eine Frage bleibt noch ~ 121
offensichtlich: 109

P

Platz: den ersten ~ einnehmen 25
praktisch: das bedeutet ~ (letztlich / letzten Endes), dass ... 35; das läuft ~ darauf hinaus, dass ... 35, 113
Privatangelegenheit: Das ist meine ~ (Sache) 105
Problem: ein ~ (eine Frage) ansprechen 15; auf ein ~ (eine Frage) eingehen (zu sprechen kommen) 15; ein ~ angehen 15; sich einem ~ stellen 15; ein ~ aufwerfen 15; ein ~ mit sich bringen; ein ~ (eine These /

die Gründe / den eigenen Standpunkt) darlegen 17
prüfen: etwas ~ 21
Punkt: Der wesentliche ~ ist folgender 55; noch ein [wichtiger] ~ 57

R

Rate: 25
ratsam: es für ~ (angebracht) halten, etwas zu tun 39
rechtgeben: jdm. ~ 85
recht: wenn ich ~ verstanden habe 89
recht haben: Du hast (Sie haben) vollkommen recht 43, 85; finden, dass jd. recht hat 85;
Recht: mit (zu) ~ 43
Rede: die ~ ist von etwas (jdm.) 19
reden: wenn man dich so ~ hört 105
Regel: in der ~ 91
Resümee: ein ~ ziehen 119
reichen: ~ von ... bis zu 21
richtig: teilweise (zum Teil) wahr (richtig) sein 43; wenn ich ~ verstanden habe 89; Ich weiß nicht, ob ich mich ~ (klar/ deutlich) ausgedrückt habe 97

S

Sache: Die ~ verhält sich so 21; eine ~ (Frage) von allgemeinem Interesse 37; Das ist meine ~ (Privatangelegenheit) 105

sagen: man kann ganz allgemein ~, dass ... 35; mit etwas ~ wollen 59; etwas klipp und klar (geradeheraus / ohne Umschweife) ~ 61; um es offen zu ~ 61; ich will dir (Ihnen) mal was ~ 61; die eigene Meinung über (zu) etwas ~ (ausdrücken/äußern) 77; das Gleiche (dasselbe) ~ 83; nach dem, was (wie) man mir gesagt hat, ... 91; wie man sagt, ... 91; ich würde eher ~ (behaupten), dass ... ~ 105; wie soll ich ~? 109; ~..., wir mal, ... 109; wie ich gesagt habe / ich wollte ~ 109; wie gesagt, ... / wie ich schon gesagt habe, ... 111; Wenn ich so ~ darf 111
Schein: Der ~ trügt 47
scheinen: 45; es scheint mir, dass ... 81
schließen: daraus lässt sich ~, dass 73
schließlich: 117, 119
schlimmstenfalls: 39
Schluss: zum ~ 117; ~ machen müssen 121
Schulter: etwas auf die leichte ~ nehmen 37
sein: es sei denn, dass ... 67
sehen: so gesehen 31; politisch (moralisch) gesehen 31
sicher: ~ ist, dass 41
Sicht: in (aus) politischer (moralischer/technischer usw.) ~ (Hinsicht) 31; aus ... ~ 31
sinken um x %: 23
Sinn: in gewissem ~e 87
so dass: 73
so gesehen: 31

sofern: 65
soweit: ~ bekannt ist 89; ~ ich mich entsinne 89; ~ ich gehört (verstanden) habe 91
sozusagen: 87, 111
sprechen: auf ein Problem (eine Frage) zu ~ kommen 15
Standpunkt: den eigenen ~ darlegen 17; vom ... ~ aus 31; von meinem ~ aus 79
stehen: es steht außer Zweifel, dass ... 41; es steht außer Diskussion (Frage) 41
steigen um x %: 23
Stelle: an erster ~ stehen 25
stellen: sich einem Problem ~ 15; etwas in Frage ~ 45
stimmen: es stimmt zwar, dass ..., aber im Grunde 95
streng genommen: 113
summa summarum: 119

T

Tat: in der ~ 107
Tatsachen: sich an die ~ (Fakten) halten 21
Teil: zum ~ (teilweise) wahr (richtig) sein 43; zum ~ 93
teilen: eine Meinung ~ 83
teilweise: ~ (zum Teil) wahr (richtig) sein 43, 93
Thema: zum ~ kommen 15; Kommen wir zu einem anderen ~ 17
theoretisch: 91; ~ (in der Theorie) ... praktisch (in der Praxis) 99
Theorie: in der ~ (theoretisch) ... in der Praxis (praktisch) 99

These: eine ~ darlegen 17
trotzdem: 103
trügen: Der Schein trügt 47
tun: es mit etwas (jdm.) zu ~ haben 29; nichts mit etwas zu ~ haben 29; noch zu ~ bleiben 121
typisch: ~ für jdn. (etwas) sein 37

U

überbewerten: 37
Überblick: einen ~ über etwas geben 17
überhaupt nicht: 53
überschätzen: 37
übersehen: man darf nicht ~ (außer acht lassen), dass ... 55
übrig: es bleibt uns nichts anderes ~, als ... 75
Umfrage: wenn man den ~n Glauben schenkt 89
umgekehrt: und ~ 99
Umschweife: etwas ohne ~ (klipp und klar / geradeheraus) sagen 61
Umstand: unter diesen Umständen (Bedingungen) 65
und so weiter: 21
ungeachtet: dessen ~ 103
unterschätzen: 37
unterscheiden: man muss (wir müssen) ~ zwischen ... und ... 101
unterteilt: etwas ist in ... ~ (aufgeteilt) 25
unvereinbar: ~ mit etwas sein 99
Urteil: ein ~ über etwas (jdn.) abgeben 35; nach dem ~ von jdm. 89

V

verändern: sich von ...
  zu ... ~ 23
verbunden: eng miteinander ~
  (verknüpft) sein 29
vergegenwärtigen: ~ wir uns
  etwas kurz 115
vergessen: man darf nicht ~,
  dass ... 55
Vergleich: im ~ zu etwas (jdm.)
  25, 29, 101; Der ~ hinkt 101
vergleichbar: (zwei Dinge sind)
  nicht miteinander ~ 101
vergleichen: verglichen mit
  etwas 29
verhalten: Die Sache verhält
  sich so 21
verknüpft: eng miteinander ~
  (verbunden) sein 29
vermehren: die Beispiele
  beliebig ~ 57
Vermutung: eine ~ (Hypo-
  these/Annahme) bestä-
  tigen 67
vernachlässigen: etwas ~ 19
verstehen: es versteht sich von
  selbst 41; Ich verstehe überhaupt nichts mehr 47; wenn
  ich recht verstanden habe 89;
  soweit ich verstanden (gehört)
  habe 91; ..., verstehst du / ~
  Sie mich? 111
verursachen: von etwas
  verursacht sein 69
verwundern: was mich besonders
  (vor allem) verwundert
  (beeindruckt) ist, dass ... 55
verzeichnen: 23
vielmehr: 53
vor allem: 13, 51

vorausschicken: etwas ~ 15; ~,
  dass ... 15
voraussehen: es ist vorauszusehen (vorherzusehen),
  dass ... 47
voraussetzen: vorausgesetzt,
  dass ... 65
Vorbemerkung: eine ~
  machen 15
vorgefasst: eine ~e Meinung
  (ein Vorurteil) über etwas 77
vorhersehen: es ist vorherzusehen (vorauszusehen),
  dass ... 47
vorstellen: sich kaum (nur
  schwer) ~ können 59
Vorteil: betrachtet man die
  Vor- und Nachteile 115
Vorurteil: ein ~ (eine vorgefasste Meinung) über
  etwas 77

W

wahr: teilweise (zum Teil) ~
  (richtig) sein 43
wahrscheinlich: es ist ~, dass ...
  43; etwas ~ finden 83
Weg: Das ist nicht der
  einfachste ~, aber ... 47
weil: 67
Weise: in gewisser ~ 87
weit: ~ gefehlt 53; so ~ gehen zu
  sagen (behaupten/schreiben
  usw.), dass ... 55
wenn: 65; ~ nur 65; selbst ~ 67;
  auch ~ 67; außer ~ 67; ~
  überhaupt 87
wesentlich: Der ~e Punkt ist
  folgender 55; im ~en 119

wichtig: ~ sein 39; eine ~e Rolle in (bei) etwas spielen 39; noch ein [~er] Punkt 57
widersetzen: sich ~ 105
widersprechen: jdm. (etwas/einer These) ~ 105
Widerspruch: im ~ (Gegensatz) stehen zu etwas 99
widerstehen: 105
wie: ~ auch immer / ~ dem auch immer sei 111
wirklich: 51
Wirkung: eine positive (negative) ~ auf etwas (jdn.) haben (ausüben) 73
wissen: etwas aus Erfahrung ~ 43; nicht dass ich wüsste 91; soweit ich weiß 91; man kann nie ~ 97; Ich weiß nicht, ob ich mich richtig (klar/deutlich) ausgedrückt habe 97
Wissen: meines ~s 89
wollen: Worauf willst du (~ Sie) hinaus? 105
Wort: mit anderen ~en 63; mit einem ~ 119
wünschen: zu ~ übrig lassen 47

Z

Zeichen: ein gutes (schlechtes) ~ 47
Ziel: zum ~ haben 71
ziehen: eine Lehre aus etwas ~ 49
zuallererst: 13
zuerst: 13
zufolge: ... ~ 89
zunächst: 13
zunehmen: 23
zurückführen: auf etwas zurückzuführen sein 69
zurückgehen: 23
zurückkommen: um noch einmal auf etwas zurückzukommen 17
zusammenfassen: fassen wir kurz zusammen 115; ~d kann man sagen, dass ... 115; grob (in großen Zügen) ~ 117
zutreffen: 75
zwar: es stimmt ~, dass ..., aber im Grunde 95
Zweifel: es steht außer ~, dass ... 41; es besteht kein ~, dass ... 41

Reclams Rote Reihe

Originaltexte fremdsprachiger Literatur

ENGLISCH FRANZÖSISCH SPANISCH
ITALIENISCH RUSSISCH

Ungekürzt und unbearbeitet, mit der Übersetzung
schwieriger Wörter auf jeder Seite und einem Nachwort mit Informationen zu Autor und Werk.

LATEIN

Die wichtigsten Werke der römischen Literatur in
Auswahlausgaben und Textsammlungen zu verschiedenen Themenbereichen. Ein Kommentar am Fuß
jeder Seite liefert die nötigen Sprach- und Sacherläuterungen.

Sprachtraining

Sprachen leichter lernen und Grammatikkenntnisse
auffrischen mit den Sprachtrainingsbänden aus
Reclams Roter Reihe.

Das komplette Programm und Detailinformationen
zu jedem Titel recherchieren und bestellen unter
www.reclam.de

Reclam